JN256277

決定版
ビットコイン
&
ブロックチェーン

岡田仁志
国立情報学研究所准教授

東洋経済新報社

はじめに

仮想通貨は終わったのか

もはや仮想通貨は終わった。そのような言葉を、仮想通貨の登場以来、何度となく聞いてきました。同じように、ブロックチェーンはこれからだという言葉も、何度となく聞かされました。

ここでいう仮想通貨とは具体的にどんなものをイメージしていて、ブロックチェーンというのはどのようなタイプを想定しているのでしょう。仮想通貨はブロックチェーンで動いているのに、なぜ仮想通貨には未来がなくて、ブロックチェーンはもてはやされるのでしょう。仮想通貨を動かすブロックチェーンと、未来のあるブロックチェーンは別物なのでしょうか。

そんな素朴な疑問が、この本の執筆のきっかけです。

とかく批判されがちな仮想通貨ですが、本当に排除されるべき存在なのでしょうか。仮想通貨のことを描いたものではありませんが、未知の生命体を前にした人間の行動を描いた映画「シン・ゴジラ」には、次のような場面が登場します。巨大不明生物への対処方法には、駆除、捕獲、排除の3つの選択肢があると事務官たちが考えているところに、一人の技官が疑問を呈します。

「そもそも駆動部分はどうなっているのだろうか」

科学者であれば、目の前で起こっている現象の当否はさておき、原因を説明したくなるのが本性というものです。

ビットコインを正しく批判するためには、ビットコインが駆動する仕組みをよく知ることが近道です。よくわからないから排除しておこうという姿勢ばかりでは、科学の発展はありません。たとえ脅威に感じるものであっても、構造を解明しておくべきです。

ビットコインを動かしている構造は、いわばブロックチェーン界の始祖鳥です。ビットコインを知らずして、ブロックチェーンの議論は始まりません。

ブロックチェーンは空っぽの洞窟か

ブロックチェーンに対する社会の反応は、インターネットの初期を見るようです。

そんなものは空っぽの洞窟だと揶揄されていた頃から、インターネットにビジネスの可能性を見出した人がいました。彼らはＥコマースという新しい商圏を拓き、やがて電子マネーが登場するとインターネット空間はビジネスの場として完成します。空っぽの洞窟だと考えていた企業も、ようやく重い腰をあげます。そこで直面したのは、インターネットの支配者が築き上げた要塞でした。

ビジネスのプラットフォームが完成するということは、支配者の許可なくして参入できないことを意味します。もはや企業という存在は、アプリケーションの１つにすぎません。ある国の企業が圧倒的なシェアを握った分野では、他国の企業には参入の余地は残されていません。シリコンバレーがインターネット空間の首都となったとき、後発国に残されていたのはローカライズの単調な作業でした。

新しい技術がビジネスの実を結ぶことは稀でも、イノベーションに乗り遅れたときのダメージは計り知れません。インターネットにビジネスの芽はないと決めつけた人たちは、将来を見極めるのがあまりにも早すぎたのです。

いま、ブロックチェーンの将来性をめぐって、いつかみた光景が繰り広げられています。現在のシステムを発展させれば足りるとする否定派の意見が、ビジネスの構造を変えるチャンスと見る肯定派の意見と対立しています。どちらが正解であるのかは知り得ませんが、１つの技術がビジネスを変えることは稀だとする見方にも一理あります。

ごく稀に、イノベーションがビジネスの秩序を覆すことがあります。荒唐無稽だと思われるようなアイデアが現実となったとき、それまでの企業秩序を揺るがす大きな変化が起こります。カリフォルニアの自宅ガレージで若者たちの起業した企業が、コンピューターの巨人と呼ばれる名門企業に真っ向から立ち向かう光景も見られました。

ブロックチェーンによって、同じ光景は再現されるのでしょうか。インターネット時代と同じ轍を踏まないためには、潜在的な競争者として好位置をキープしておくため、まずブロックチェーンをよく知ることです。ブロックチェーンは発想の斬新さにおいて、あらゆるビジネスアイデアの宝庫です。

完全なる契約自由の世界

なぜ先進国の金融機関が揃ってブロックチェーンを研究するのか。シリコンバレーの企業が再び次世代の首都となるべく動き出しているのはなぜか。これに対抗するヨーロッパ諸国の姿勢はどうか。ブロックチェーンを契機に主導権を把握しようとするアジア諸国では、どのような動きが見られるのか。ブロックチェーンの周辺で起こっている変化を観察すれば、次の時代にビジネスの覇権を握る国が見えてきます。

ブロックチェーンを金融に応用することで、お金の流れが可視化されます。すると、ブロックチェーンを使いこなす企業が、世界のお金の流れを把握することになります。

変わろうとしているのは、お金の流れだけではありません。お金と反対方向には、サービスや商品が動いています。ブロックチェーンは、物流を管理する方法をも変えようとしています。国際貿易の分野では、ブロックチェーン船荷証券が現実味を帯びています。世界を航行するコンテナ船は、あたかも仮想通貨が国境を越えるように移動します。世界の国々が関与するビジネスでは、一企業が取引を管理するピラミッド構造よりも、全員で帳簿を管理するブロックチェーンに移行するほうが、合意を形成することが容易になります。

物流の変化が起こるのは、B2Bの場面だけにとどまりません。消費者向けのB2Cにおいても、変化が起ころうとしています。国境を越えて商品やサービスを購入する越境コマースでは、どちらか一国の企業が支配する構造よりも、二国間の関係者が帳簿を管理するブロックチェーンのほうが信頼を構築しやすくなります。

権限を集中させないブロックチェーンは、海外の企業と信頼を醸成するためには格好のツールです。国内市場が成熟した段階にあっても、海外には無限のフロンティアが広がっています。

さらに期待を集めるのは、個人間で遊休資産を共有するシェアリング・エコノミーの分野です。

見知らぬ個人間での取引を実行するためには、契約が自律的に実行されるスマートコントラクトの仕組みが必要です。そのプラットフォームとして注目されるのが、やはりブロックチェーンです。

地球上のすべての知的生命体が契約当事者となりうるような、これまでに人類が経験しなかった完全なる契約自由の世界が実現しようとしています。まさしくパンドラの匣が開かれたと表現するのにふさわしい現象です。

これほどの変化というのは、世界の歴史をみても何度も起こっていません。銀行制度が確立されて遠隔地とのビジネスが可能になった時代や、ヨーロッパ諸国が新大陸の資源を金貨や銀貨で買い漁った大航海時代にも匹敵します。

いまや、地球上のあらゆる文物がコマースの対象となる時代が到来したのです。ブロックチェーンに熱狂する人々の幻想だといわれそうですが、どんな時代にもフロンティアを開拓する人は社会通念の外にいました。恐れずに歴史を先取りすることが、未来の商機を招きます。

いま世界で起きていること

ブロックチェーンは権威を置かない分散型の仕組みですから、国によっては慎重な姿勢をとっています。とりわけ、ブロックチェーンと同時に登場した仮想通貨は、各国で賛否両論を巻き起こしています。

ブロックチェーンには関心を示しながら、仮想通貨の流通は好ましくないと考える国もあります。あるいは仮想通貨を積極的に使いこなして、経済の主導権を握ろうとする国もあります。これらの国々に共通するのは、戦略的な見地から是々非々の判断を下していることです。イノベーションを否定するばかりでは、世界のトレンドから取り残されます。

国家の思惑がよく表れるのが、仮想通貨の分裂や分岐の起こったときです。国内の取引所が扱うのは安定した仮想通貨ですが、分裂の形式をとれば新通貨でも取引リストに載りやすくなります。コミュニティの正統な分裂であれば仕方ありませんが、分裂騒動に乗じて不安定な仮想通貨が発行されることもあります。よく検証されていない仮想通貨が流通すると、マーケットに予想外の混乱を招きかねません。

仮想通貨の分裂に名を借りたマーケットへの攻撃は、しばしば海外の企業によって仕掛けられますが、国家が仕掛けることも不可能ではありません。もし国家が関与した場合には、分裂と称して登場するのはもはや仮想通貨ではなく、ある国が発行する法定のデジタル通貨です。

分裂に名を借りた仮想通貨を受け入れるかどうかの判断は、自国通貨の防御と直結するわけです。海外による攻撃から自国通貨を守るためには、新しく登場した仮想通貨の動作性能や関与者の適格性を見抜くプロの眼力が求められます。これは、専門家集団である業界団体が政府と協力して担うべき役割でしょう。

通貨の競争はすでに始まっています。ビットコインをはじめとする仮想通貨は、いくつかの国で検討されている法定デジタル通貨や、古典的な法定通貨との間で、厳しい競争にさらされています。

ハイエクが予言した貨幣発行自由化論の描く世界は、すぐそこまでやってきているのです。本格的な通貨競争の時代への備えを怠っていると、自国通貨の流通を失うことにもなりかねません。

通貨が他国からの借り物になったとき、ビジネスの土俵もまた他国からの借り物になります。あらゆるサービスが海外に手数料を払うことによってのみ成立するようになります。それは、かつてインターネットがもたらした手数料社会の再来にほかなりません。

ビジネスと自国通貨を守るためには、仮想通貨の覇権をめぐる状況についてアンテナを張り巡らし、あらゆる変化の可能性を知っておくべきです。

日本史を読み解くと、平安時代の末期に平清盛は日宋貿易を行い、新たなコマースの領域を開拓しました。それまでの律令制度における納税制度は租庸調でしたから、土地を持っている貴族が富裕層でした。土地こそが価値の源泉であり、収益を生み出す生産装置だったのです。

ところが、日宋貿易によって輸入されたのは銅銭でした。宋銭は通用力を持たない外国通貨でありながら、国内でも正式に流通するようになります。

平清盛は、国際貿易によってフロンティアを開拓しただけでなく、通貨のプラットフォームを入れ替えているのです。しかも、日本との交易関係のあった南宋では紙幣が流通していましたから、北宋で鋳造された銅銭は産業廃棄物に近いものでした。

いくつかの偶然が重なって、日本では堂々と貨幣として通用したのです。通貨が置き換わるとき、ビジネスの主導権も交代することは、歴史が証明しています。

仮想通貨VS国家

もともと仮想通貨というのは、国家の権威に頼ることなくお金を発行する試みです。いわば国家概念の全否定ですから、それを禁止する国が登場するのは無理もありません。

海外の動向を観察していると、自国民には仮想通貨の取引を禁止しながら、他国民に対して仮想通貨を販売することは容認する国もあります。自国内では法定通貨の独占的な流通を徹底しながら、対外的には仮想通貨を梃子として経済圏を拡張するチャンスだととらえているわけです。

市場では、ビットコインのような分散型の仮想通貨と、拠点国に財団を設置する中央型の仮想通貨が共存しています。これらの開発の拠点となる国は、デジタル法制が整備されているなど起業に適している国でしょう。

仮想通貨の拠点となることで、各国のブロックチェーン技術者が移住してくれれば、新しい経済圏が形成されます。シリコンバレーがインターネット産業の拠点となったように、アジアやヨーロッパの都市がブロックチェーン産業の拠点として手を挙げています。

現在はインターネット経済の時代です。インターネットの利用は限りなくフリーですが、それはなぜ可能なのでしょうか。私たちのインターネットでの行動は、常に誰かによってトレースされています。その行動履歴はデータとして価値を持っており、目に見えないビッグブラザーが世界中のデータを収集しています。ビッグブラザーの正体は、インターネット経済をリードする少数の企業群です。こうして、ネット経済の生態系が確立されました。

この生態系を覆そうとするのが、ブロックチェーン経済圏です。

新しい秩序を支配するのは、旧来のインターネット産業であるとは限りません。ブロックチェーンを使いこなす新規参入者が、新たなる経済圏の構築を担います。ブロックチェーンによってビジネスルールを描いているのは、未知の技術を使いこなす若い企業です。

およそ経済社会というのは、イノベーションを経験することによって誰にでもチャンスのある開かれた社会へと変貌し、それが成熟するにつれて閉じた社会へと縮小し、再びイノベーションの時代を迎えるというサイクルを繰り返します。

インターネットは従来の社会を打ち破るイノベーションでしたが、歳月を経て制度疲労を起こしていました。そこに登場した仮想通貨は、経済の秩序を揺るがし、閉じたインターネット社会に風穴を開けました。それは、開かれた社会をもたらすための挑戦だったのです。

ブロックチェーンで変わる社会

ブロックチェーンによって何が実現できるのでしょうか。ある報告書には、ブロックチェーンによる構造の変化が、産業ごとに整然と描かれています。どの産業をみても、ブロックチェーンの導入前後で中心となるプレーヤーは交代しません。権威の中心にある企業がこの報告書を読めば、さぞ安心することでしょう。ブロックチェーンで世の中は変わらないという批判は、そのような変化を前提とするならば妥当です。

こうした誤解は、従前のシステム構造と何ら変わらないものを、ブロックチェーンと呼ぶことに起因します。ブロックチェーンは未定義語ですから、どのようなものを想定するかは論者の自由です。ブロックチェーンの構造に何らかのヒントを得ているからといって、これまでにない機能を発揮するようなものだとは限りません。なかには名ばかりのブロックチェーンと呼ぶべきものもあります。

その対極に位置するのが、ビットコインに使われているブロックチェーンです。

そこには世界の中心となる権威は存在せず、地球上で1万台を超えるコンピューターが同じ権限を持ちます。いずれかの国家や組織に権限が集中するような、ピラミッド構造のネットワークではありません。目指すところは、完全にフラットな世界の実現かもしれません。覇権国家にとっては目障りな存在であり、エスタブリッシュメントの人々にとっては禍々しい怪物に映ることでしょう。

中心のないネットワークを作ろうとするビットコインの試みは、幾度となく困難に直面しています。統治構造を持たない組織が、どうやって意思決定をするのか。それは禅問答のような難題です。やはりビットコインの理想は実現しないと決めつけるのは簡単ですが、それを動かすブロックチェーンの構造は絶えず変化しています。大国が興亡の歴史を繰り返すように、ビットコインの統治体制も常に変化を模索しています。

統治構造を持たないブロックチェーンでは、意思決定の主体となる権力者は存在しません。それゆえ、直接民主制で物事を決めようとする動きと、元老院を置いて統治機構を備えようとする動きが対立しています。分散と集中の間で揺れ動く様子はあたかも、地球上にリーダーなき時代がやってきたときに、人類がどうやって文明を維持していくのかを実験しているかのようです。

ビットエコノミーの時代へ

かつて地中海交易の覇権を争ったマグレブの商人とジェノバの商人は、異なる統治形式で秩序を保っていました。マグレブの商人は閉じたコミュニティーで信頼を形成し、掟に背くと永遠に追放されるしっぺ返し戦略によって秩序を保ちました。ジェノバの商人は、個人主義の思想に基づいて、折々の条件に応じて契約相手を選び、約束違反には法と訴訟によって対処しました。

これらは、どちらかが優れているというものではなく、内に閉じた社会と外に開かれた社会の相克が見て取れます。そこには、新しい経済圏で信頼の構造を作り上げていくためのヒントが詰まっています。

ビットコインのような自由なブロックチェーンというのは、外に開かれた社会を作るための道具です。ただ、そのままでは経済活動のプラットフォームとしては機能しません。何らかの信頼の構造を組み込む必要があるからです。ブロックチェーンの信頼の構造には、2つの方向性が考えられます。

1つは、内に閉じたブロックチェーン経済圏を作り上げ、従来と同じ社会を再現する試みです。これは、ブロックチェーンでなくても実現できることです。

もう1つは、外に開かれたブロックチェーン経済圏を描き、そこに信頼装置を組み込もうとする試みです。これは、ブロックチェーンにとっては容易ならざる挑戦です。外に開かれたブロックチェーンに信頼装置を組み込むことができれば、未知の相手とも取引関係を築くことができるようになります。それが実現すれば、人類が距離や文明の制約にとらわれず、自由に交易を行う時代がやってきます。

やがて到来するのは、ジェノバの商人が目指した外に開かれた社会と、マグレブの商人が構築した内に閉じた社会を合体させたような、ハイブリッド型の経済かもしれません。ブロックチェーンは未知の相手との交易を可能にする、開かれたシステムです。そこに信頼の構造を組み込むのは、やはりブロックチェーンによって描かれたスマートコントラクトです。それこそが、新しい経済システムの実現を告げるビットエコノミーの姿です。

はたして、ビットエコノミーの時代はやってくるのでしょうか。その答えを探るため、ブロックチェーンの始祖鳥であるビットコインを解明します。通貨によって開かれた社会をもたらそうとする動きと、ブロックチェーンによって信頼装置を組み込もうとする動きが一体となったとき、ビットエコノミーという新たな商圏が成立します。その実現に向けて、あらゆる可能性を排除することなく、ニュートラルな姿勢から考察します。

本書によって、ブロックチェーンに対して抱かれる疑問の数々が、ほんのわずかでも氷解することがあったならば、筆者として望外の喜びです。

目次

第2章 仮想通貨は電子マネーと何が違うのか……69

Bitcoin&Blockchain

第1章

ビットコインはどうやって動いているのか

ビットコインは2008年に発明された新しいお金です。2009年1月にビットコインの最初のブロックが「採掘」されて以来、現在までずっとビットコインは動き続けています。

いまでは、仮想通貨にもさまざまな種類がありますが、ビットコインはこの世に登場した最初の仮想通貨です。ビットコインの最大の特徴は、中心となる「運営さん」が存在しないにもかかわらず、自律的に動いているという事実です。いわば、中のヒトがいないにもかかわらず、お金として作動しているわけです。けれども、本当に中のヒトはいないのでしょうか。実は誰かが、ビットコインを動かしているのだとすれば、その人たちはどんな人たちで、一体どんな作業をしているのでしょうか。

ビットコインの技術について、プロのエンジニアとしてマスターされる方のためには、いくつもの専門書が用意されています。しかし、ブロックチェーンの概念を理解して、その経済的、社会的意味を考察しようとする方のために、ビットコインの仕組みを説明したビジネス書は比較的に少ないかもしれません。

あらゆる仮想通貨について考察する大前提として、ビットコインの仕組みについて理解しておくのは、きっと役に立ちます。それは、ビットコインの限界を知るためにも、ブロックチェーンの可能性を知るためにも、必ず役に立つはずです。この本の最初の章では、ビットコインを動かすブロックチェーンという仕組みを丁寧に見ていきましょう。

第1節

ビットコインの6ステップ

いよいよ、ビットコインの仕組みについて見てみましょう。分散型仮想通貨の先駆けとして登場したビットコインは、一体どのようにして動いているのでしょうか。ビットコインの仕組みは何を読んでもよくわからないといわれます。おそらくその原因の1つは、ビットコインを運営する主体らしきものが存在しない、つまりビットコインを説明するときに主語が存在しないことに求められるでしょう。それゆえに、ビットコインの説明はどこか腑に落ちないのだと思われます。

あえて喩えるならば、ビットコインというのは、一反木綿《いったんもめん》のようなものです。一反木綿は、水木しげるさんの作品にも登場する有名な妖怪です。ひらひらと宙を漂っていて、白くて長い体を持っています。妖怪ですから、見える人には見えるという設定です。ビットコインというのも、そのようなものが存在すると思っている人たちにとっては見えるものですが、そんなものを信じないという人にとっては奇怪な現象でしょう。明確な運営主体としての自然人や法人

図表1-1　世界中に分散するノード（結節点）がビットコインを動かす

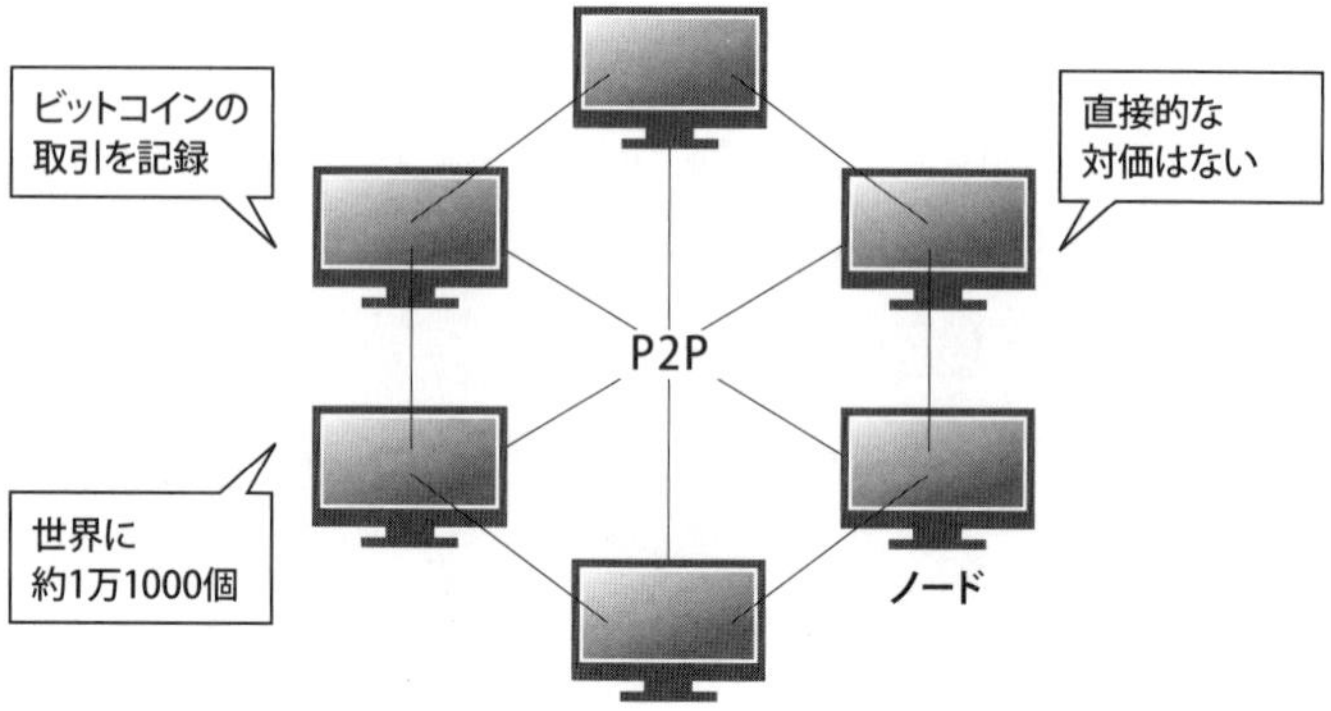

（出所）各種資料より著者作成。

というのが存在しないにもかかわらず、見える人には見える存在である。そのような意味合いで、ビットコインのことを一反木綿に喩えて説明します。

ビットコインの仕組みでは、ブロックチェーンという台帳にすべての取引を記録することになっています。この台帳は、どこか1か所の大型コンピューターに記録されているのではありません。世界中に分散するノード（結節点）と呼ばれるコンピューターによって記録されています。ノード（結節点）となるコンピューターをネットワークにつないで、ビットコインの仕組みを支えている人たちは、基本的にはボランティアで参加する人々です。世界にはおよそ1万1000個のノードが点在しています。

わざわざノードを建てるのは、何か経済的なメリットがあるからでしょうか。ノードを建てたからといって、直接的な対価が得られるわけではありません。

しかし、ビットコインのような仮想通貨が分散的であるといえるためには、十分な数のノードが世界中に散らばっていることがとても重要です。こうした分散型仮想通貨の趣旨に賛同して、ノードとしての役割を提供する人が存在する限りは、ビットコインが動き続けるというわけです。

さて、そのようなフラットな構造を持つネットワークの上で、ビットコインはどうやって動いているのでしょうか。中心のないネットワークの上で、通貨らしく振る舞うというのは、どういうことなのでしょうか。ビットコインという通貨の実際の流れに乗って、仮想通貨の仕組みを見てみましょう。

ビットコインの仕組みを理解するには、**支払→記録→採掘→報酬→承認→流通**の順序で理解するのがよいでしょう。以下、順を追って確認していきます。

❶支払

ビットコインの仕組みを理解するためには、支払という動作から追っていくのがよいでしょう。**はじめに、アリスがボブに、1・0BTCのビットコインを送金しました。BTCという**

図表1-2　支払：ウォレットが送金の事実をノードに伝える

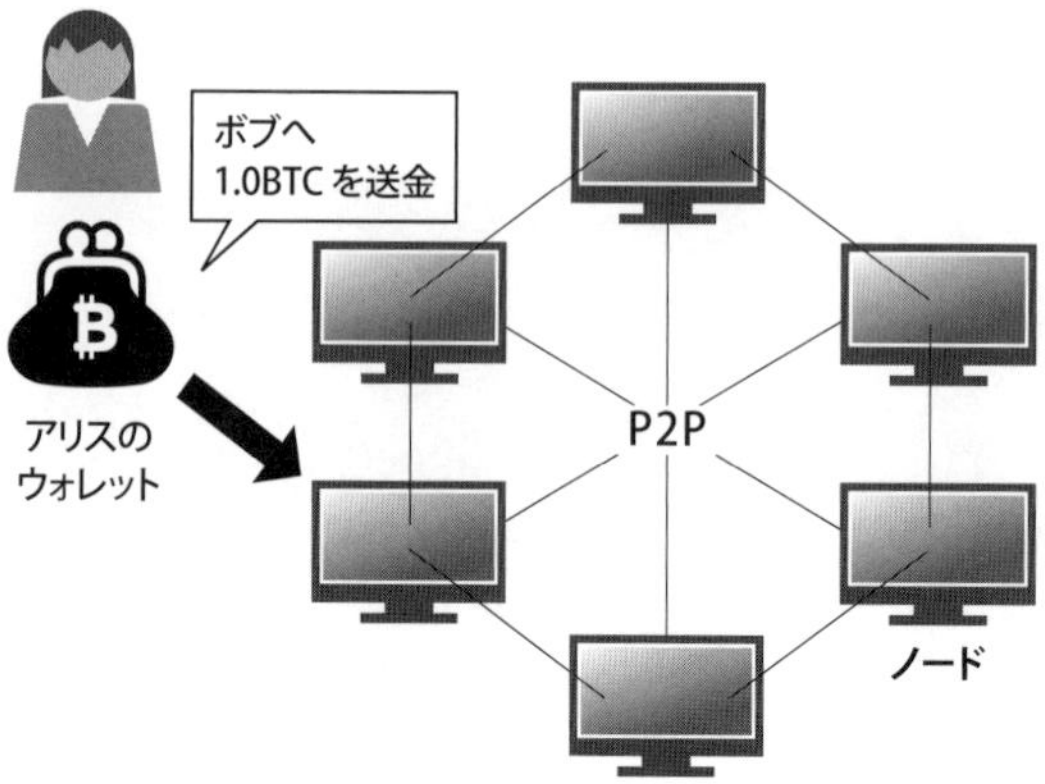

（出所）　各種資料より著者作成。

のは、ビットコインの単位で、ＢＴＣ（ビー・ティー・シー）と呼びます。ただし、法定通貨のように、ＩＳＯ（国際標準化機構）で定義された通貨記号を持っているわけではありません。慣習上の表記に過ぎません。人によっては、別の表記法を使うこともあります。し、類似の仮想通貨が登場すると混乱を避けるために表記を変えることもあります。ここでは、ビットコインの単位として、ＢＴＣと表記することにします。

さて、アリスは、ボブに、１・０ＢＴＣの量のビットコインを送りました。この取引の事実を、ネットワークのどこかに記録しなくてはいけません。これまでの送金サービスであれば、運営する会社のサーバー（ピラミッド構造の頂点）にあたるコンピューターが、利用者のコンピューター（クライアント）をコントロールしていて、すべての取引がサーバーに記録される仕組みでした。ところが、ビットコインはＰ２Ｐ（Peer to Peer）ネットワークですから、ピラミッド構造の頂点にあたるサーバーは存在しません。代わりに存在しているのは、ノード（結節点）と呼ばれるコンピューター群です。ビットコインはＰ２Ｐネットワークというフラットな構造をしていますから、ネットワークのどこにも中心はありません。

このようなフラットな構造のネットワークでは、参加者は自らの取引の事実を残すために努力をします。**具体的には、アリスは、ボブに対して１・０ＢＴＣを送金したという事実を、ネットワークに向けて宣言します。**実際には、アリスのコンピューターに入っているウォレット（お財布ソフト）が、ビットコインのＰ２Ｐネットワークに向かって、送金の事実があったことを記録として流します。ビットコインのウォレットは、必ず１つ以上のノード（結節点）を知っていて、ウォレットとノードは常につながっています。ですから、ウォレットが送金の事実を宣言するというのは、自分の知っているノードに対して、送金の事実を伝えるということを意味します。

さて、ビットコインのノードは世界中に１万１０００個程度しか存在しません。これに対して、ビットコインのウォレットを持っているユーザーが世界にどれぐらい存在するのかわかりませんが、数に制限がないので、数万人、数十万人が参加しているかもしれません。**ノードが**

後述するようにビットコインを維持するためのあらゆる作業を行うのに対して、ウォレットがそのような役割を担うことはありません。ノードが養分を運ぶ幹であるとすれば、ウォレットは養分を受け取る葉のような存在です。

さて、ビットコインのP2Pネットワークを支える屋台骨としてのノードは、現在のところ1万1000個程度しか存在しません。自由参加型のネットワークですから、ノードの数が急激に増えることや急激に減ることもありますが、最近はこの水準で推移しています。ビットコインのウォレットを持つユーザーの数について、明確な数字はありませんが、仮に、世界のウォレットの数が22万であるとしましょう。すると、1つのノードがおよそ20のウォレットの世話をしていることになります。ウォレットの側から見れば、1つまたは複数のノードを信頼して、そこに送金の事実を伝えることになります。

ただ、ここで問題が生じます。アリスの持つウォレットは、自分の知っているノードに送金の事実を知らせましたが、これで本当に安心といえるのでしょうか。1つまたは複数のノードに伝えただけで、本当にお金を支払った事実が覆ることはないのでしょうか。この心配を解消するために、次の段階として、「記録」のプロセスが登場します。

❷記録

「ボブに1・0BTCを送った」という事実を、アリスから受け取ったノード（結節点）は、このことを自分が記録します。それだけでなく、自分とつながっている仲間のノードたちにも流します。世界には、およそ1万1000個のノードが存在していますが、その構造を見てみると、実は分子構造のように整然と並んでいます。碁盤の目のような構造が無限に続くようなイメージです。1つのノードは、最大で8個のノードと手をつないでいますから、中国象棋の盤のように、縦横と斜めに8本の線が描かれたような構造をイメージするとわかりやすいでしょう。

「アリスからボブへ1・0BTCを送金」という事実を最初に受け取ったノードは、自分とつながっている最大で8個の仲間のノードたちに、この事実を伝えます。同時に複数の仲間に対して事実を伝えるので、この伝達方式のことをブロードキャストと呼びます。**すると、「アリスからボブへ1・0BTCを送金」という事実を受け取った8個のノードたちは、自分とつながっている最大8個のノードたち（8個の中には、自分に対して事実を伝えた1個のノードを含む）に対して、「アリスからボブへ1・0BTCを送金」という事実を伝えます。**

こうして、伝言ゲームのようにして、碁盤の目の一点から、放射状に事実が次々に伝達されていきます。その様子は、燎原の火の如くと表現することができるかもしれません。あるいは、

図表1-3　ノードは碁盤の目のように整然と並んでいる

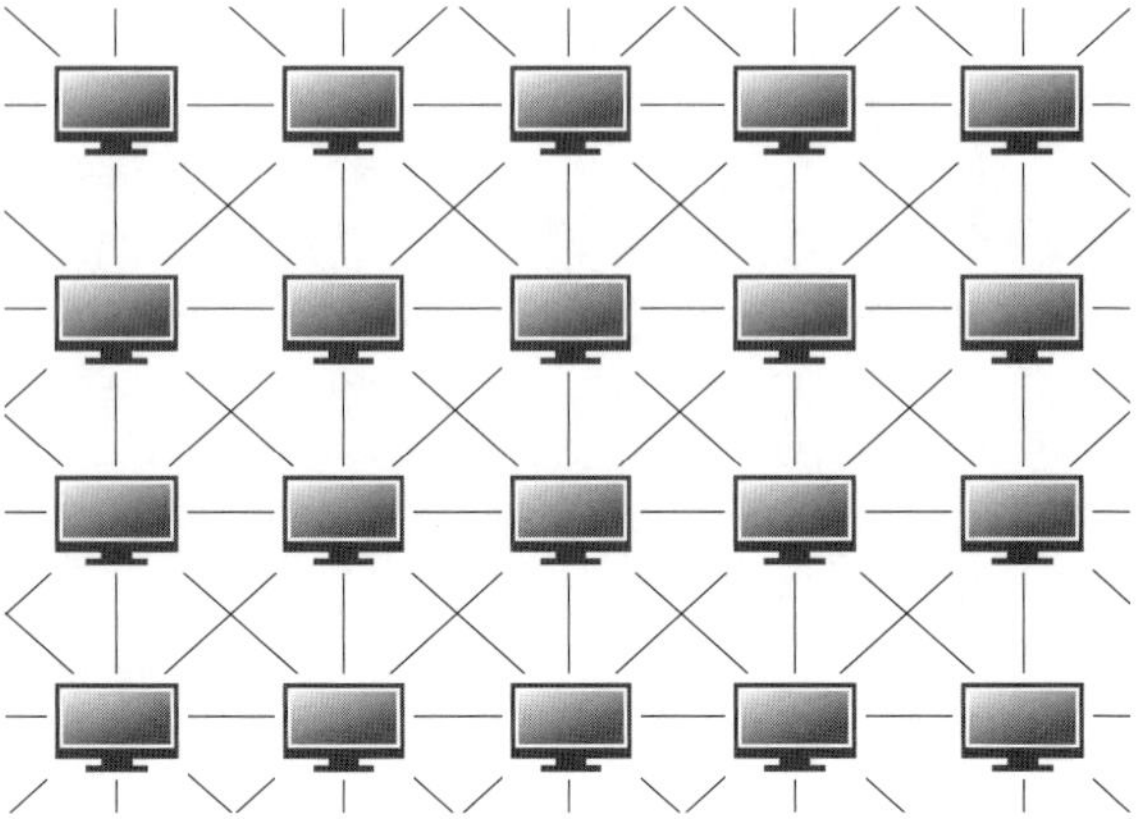

（出所）　各種資料より著者作成。

バケツリレーに喩えることもできるでしょう。

こうして、「アリスからボブへ1・0BTCを送金」という事実は、少しずつ時間をかけてP2Pネットワーク上にブロードキャストされていき、やがては世界中に散らばる1万1000個のノードすべてが知るところになります。これが、記録というプロセスです。

ここで、「アリスからボブへ1・0BTCを送金」というのが、1つの取引です。この事実を、1トランザクションと数えます。ビットコインのネットワークでは、毎秒数件ほどのペースでトランザクションが発生しています。そのすべてが、「誰かが誰かに何BTCを送金した」という事実として書かれています。こうして、「誰かが誰かに何BTCを送金した」という出来事の数々は、

図表1-4　記録：取引の事実がすべてのノードに伝わる

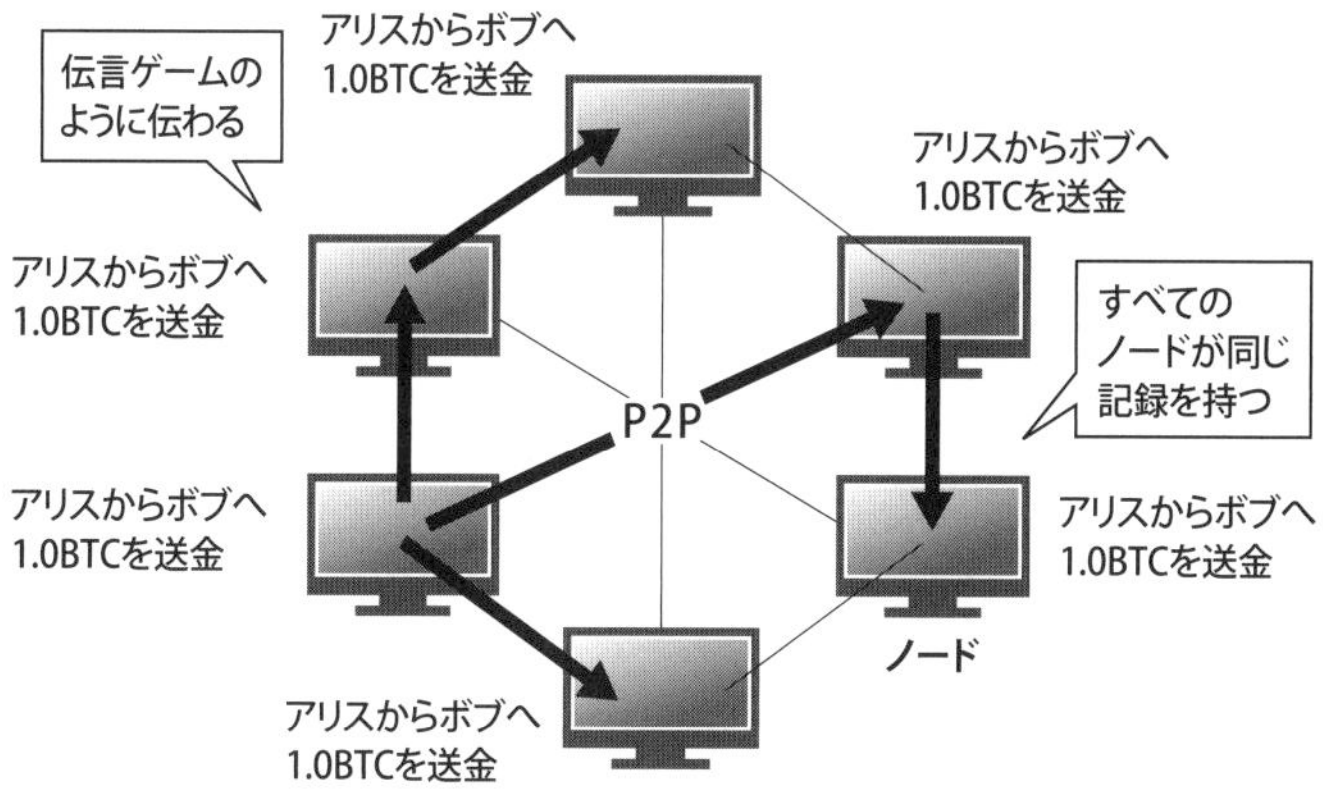

（出所）　各種資料より著者作成。

毎秒数件のペースで増えていき、数分のうちには1000件から2000件程度のトランザクションが出来事として記録されます。

ビットコインのネットワークを基盤の目のように支える1万1000のノードは、世界のどこかでトランザクションという出来事が発生すると、まず出来事が発生した場所にもっとも近いノードがこれを記録します。そして、ノードは自分と手をつなぐ最大8個の仲間のノードに対して、トランザクションを伝達していきます。

こうして、ノードからノードへと出来事がブロードキャストされていき、やがて1万1000のノードがトランザクションを記録します。このようにして、トランザクションが1つ発生するたびに、ノードからノードへ

のブロードキャストが行われるので、どのトランザクションも必ず1万1000個のノードすべてに記録されます。

もちろん、1万1000個のノードが常にONの状態であるとは限りません。機械にも休息は必要ですから、電源が落ちていることや、メンテナンス中でお休みしていることもあるでしょう。こうした休憩中のノードは、電源を入れなおして再びネットワークにつながったときに、休憩中に起こったすべての出来事を受け付けます。眠っていた時間が長いと、それだけ受け取るための時間も長くなります。こうして、時間はかかりますが、アクティブな1万1000個のノードすべてが最新の取引の事実を記録します。

従来型の送金サービスのように、ピラミッド構造の頂点にあるサーバーに記録するのではなく、フラットな構造を持つ1万1000個のノードがそれぞれ完全な記録を持ちます。1万1000個のノードはすべてのトランザクションを記録していますから、どのノードを見ても同じ記録を持っているはずです。**このように、1か所に台帳を置いて記録するのではなく、世界に散らばっている1万1000個のノードが同じ記録を持つほうが、誰も事実を改ざんすることができなくて安全だというのが、ビットコインの分散的な仕組みの本質です。**

ただし、まだ完全ではありません。1万1000個のノードの何分の一かの参加者が結託すれば、協調して事実を捻じ曲げることができるからです。このような可能性を封じて、ノード間の結託による不正を防ぐための作業が必要になります。この方法は長らく発見されませんでした。それどころか、結託を防ぐことが不可能であることを証明する論文が米国の著名な数学者によって発表されたほどです。

ところが、数学的には不可能であるはずのこの問題に対して、人間の行動原理という別の要素を組み込むことによって解を見出した人が現れました。それこそが、ビットコインの作者であるとされる謎の人物、サトシ・ナカモトであったのです。そのプロセスは、金鉱石のマイニングになぞらえて、採掘と呼ばれます。

❸採掘

これからがもっとも理解の難しい採掘のプロセスです。まず、このプロセスが何のためにあるのかを再確認しておきましょう。採掘あるいはマイニングと呼ばれる作業は、ビットコインで起こった「アリスからボブへ1・0BTCを送金」のような出来事をかき集めます。およそ数百件から2000件程度の「誰かが誰かに何BTCを送金した」というトランザクションを束ねて「ブロック」と呼ばれる特殊な記録方式に焼き固めます。

これがレンガを焼くような作業であれば、書き込んだ文字や絵柄が焼き物となって改変できなくなるイメージです。しかし、ビットコインのトランザクションは英数字列の塊ですから、英数字列の塊を焼き固めて、改変できないようにする方法を見つけなければいけません。このための方法として、ビットコインでは「ハッシュ関数」という計算を用いています。これは、レンガを焼くというよりは、料理のレシピに喩えると、煮凝《にこご》りを作るようなイメージに近いかもしれません。

料理を作る人は、およそ数百件から2000件の取引がトロトロと泳いでいる状態で鍋にかけます。そこに、ほかの料理人が最近作ったばかりの煮凝り（ブロック）から出汁をとって足します。そこにさらに、ひとつまみのスパイス（ノンス）を足します。

すなわち、料理のレシピは3つから構成されます。

その1：数百件から2000件程度のトランザクション（何個とるかは料理人の自由）
その2：1つ前のブロックからとった出汁の素（これは誰がとっても同じもの）
その3：スパイス（うまく固まるまで分量を変えながら何度も試す）

もう少し詳しくレシピを見てみましょう。

その1は、適当でかまいません。まだブロックに取り込まれていないトランザクションを適当な数だけ集めてきて、鍋にかけます。いくつトランザクションを集めるかは自由なので、極

図表1-5　採掘：数百～2000件の記録を束ねてブロックを作る

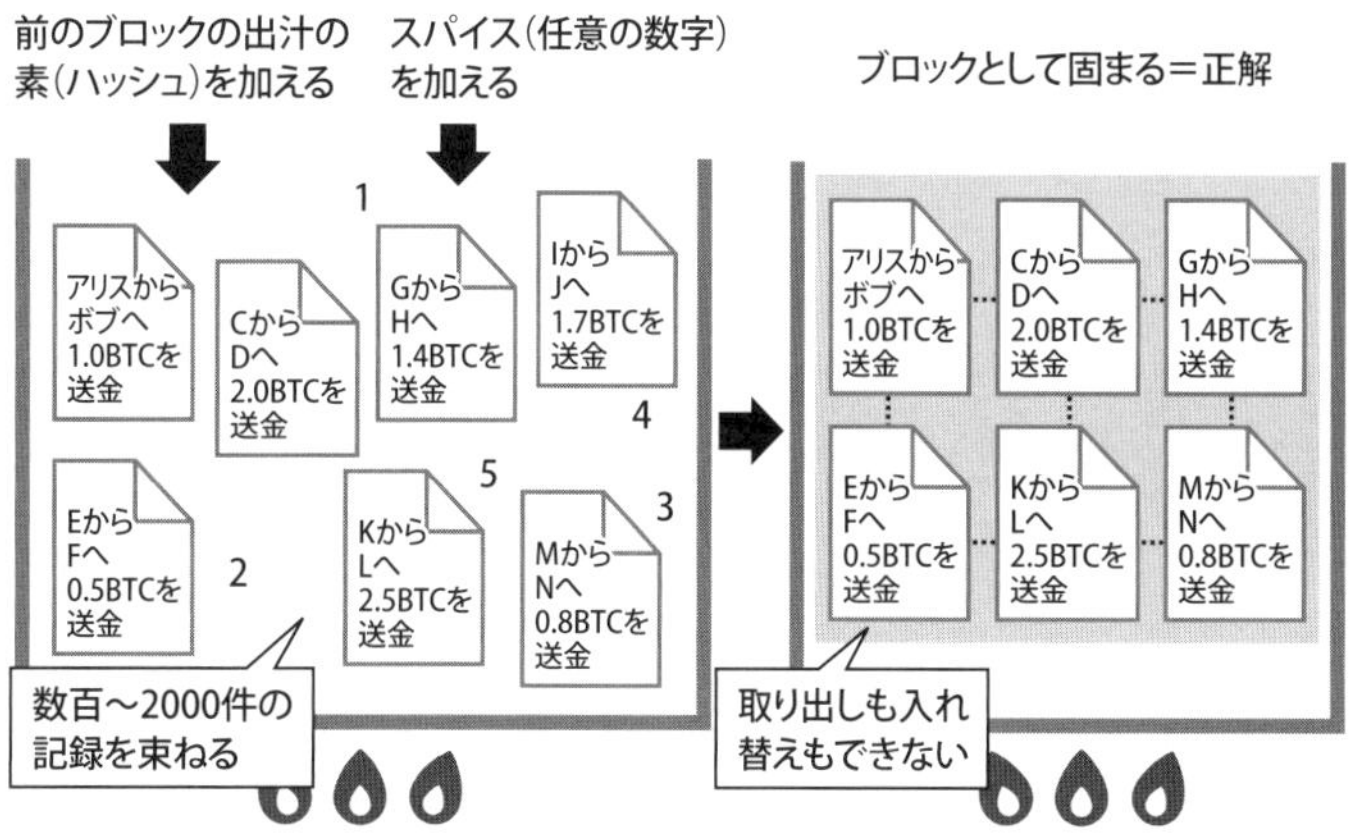

（出所）　各種資料より著者作成。

端にいえばトランザクションが1個しか入っていない白湯のようなスープをかけてもかまいません。実際には、2000件ぐらいのトランザクションを集めて火にかける料理人が多いようです。

その2として、1つ前のブロック（煮凝り）から、ある決まった方法で出汁の素をとります。これは、とり方が決まっているので、誰がとっても同じ出汁の素（実際には英数字の列）になります。1つ前のブロックといいましたが、これは、ブロックチェーン（ブロックが数珠つなぎになっている構造）において、自分がいま調理しようとしている新しいブロックよりも、1つ前の時間に作られた直近のブロックのことを指します。**ブロック（煮凝り）を調理するのに、1つ前のブロック（煮**

凝り）から出汁の素をとって、これを加えないといけません。このルールが、あとになってから効いてくることになります。

その3として、スパイスを加えます。このスパイスというのは、実際には任意の数字です。ノンスといって、1、2、3、といった任意の数字を次々に試していきます。鍋にかかっているのは、**その1**と**その2**の要素が入ったスープ状のものですから、まだ中身を取り出すことも入れ替えることもできます。しかし、**その3**として、スパイスの量を変えながら何度も試していくと、あるスパイスを加えたときに、すなわちある数字を加えたときにだけ、スープが固まって煮凝りになります。こうなると、もはや固体として固まってしまっているので、その中から1本のトランザクションを取り出すことも、別のトランザクションと入れ替えることもできなくなります。

つまり、**採掘という作業は、鍋にかけたお湯に、その1としてトランザクションの束を流し込んで、その2として前のブロックの出汁の素を加えて、その3としてスパイスの量を変えながら何度も試していくうちに、ある量のスパイスをぴたりと当てた瞬間に、スープが固まって煮凝りになるというようなレシピで説明できます。**

このとき、見つかったスパイスの分量のことをノンス（任意の数）と呼びますが、採掘家（マイナー）というのは、このスパイスの任意の量を見つけるまで、何度も同じ調理を繰り返して

図表1-6　報酬：最初に正解を発見したマイナーだけが報酬を得る

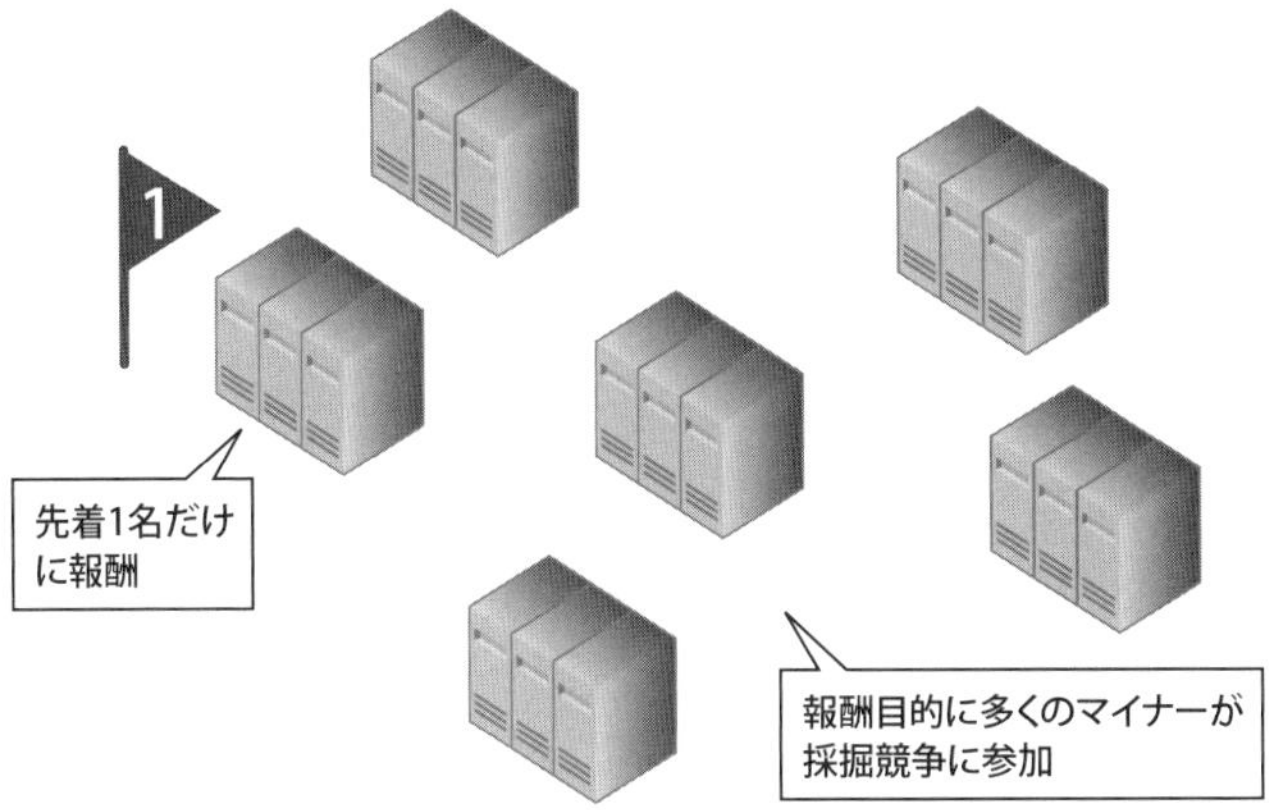
先着1名だけ
に報酬
報酬目的に多くのマイナーが
採掘競争に参加

（出所）　各種資料より著者作成。

試みるわけです。

さて、喩え話として、煮凝りを例に出しましたが、実際には英数字の列を改変できないように固めるわけですから、関数を使います。ビットコインの採掘に使われているのは、ハッシュ関数という数式です。これについてお話しすると長くなりますから、詳しいことは次の節で説明します。

❹報酬

こうして、マイナーはめでたく正解を発見しました。**採掘という作業は競争になっており、目標となる値を誰よりも早く発見した先着1名だけが報酬を得られます。**では、報酬はどこからやってくるのでしょうか。

先の例では、マイナーがその1の要素とし

図表1-7　報酬：正解者のブロックの1行目に報酬と手数料が発生

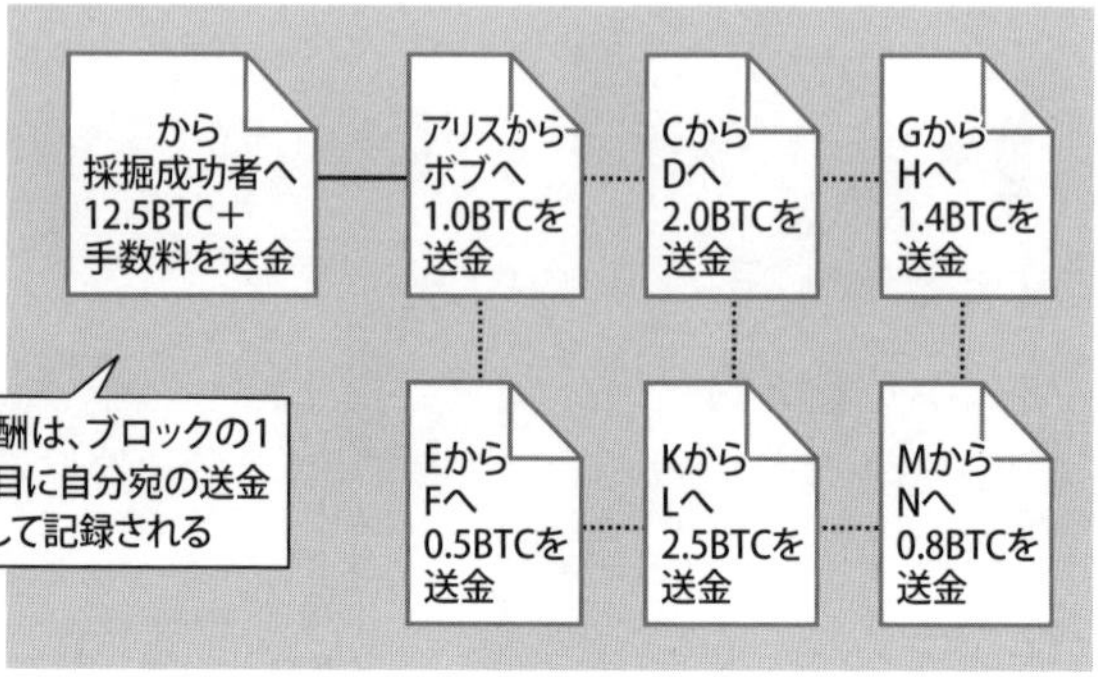

（出所）　各種資料より著者作成。

て2000件のトランザクションを集めていました。すると、完成したブロックには2000件のトランザクションが格納されているはずです。ところが、よく数え直してみると、1999件の通常トランザクションと、1件のユニークなトランザクションが入っています。

実は、先頭の行に1件、隠れトランザクションがあらかじめ用意されていたのです。その隠されていた1件のトランザクションには、次のように書かれています。

送信者　エンプティー（空っぽ）
受信者　採掘に成功したマイナー
送金量　12・5BTCほど（12・5BTCに手数料の合計を加えた金額）

このようなトランザクションがあらかじめ用意されていました。あたかも、ブロックを作成した瞬間に、自分宛の送金という報酬のトランザクションが発生するように見えますが、実は予約されていたのです。

では、この金額はどこから送られてくるのでしょうか。送信者の欄には何も書かれていませんので、誰かが送信したのではありません。強いていうならば、ビットコインシステムというプログラムの決まりごとに従って、ブロックを作成すると同時に浮かび上がる無人のトランザクションです。

このことは、ビットコインはどこで発生するのかという疑問への回答でもあります。ビットコインというサービスを運営している法人や自然人といったものは存在していません。すべてはビットコインシステムというプログラムの決まりごとに従って無人で動いています。もちろん、誰かがプログラムを書いて設定するのですから、作者というのは存在しています。現在のビットコインは、100名から200名程度から成るボランティアの技術者集団の叡智によって支えられています。いったん設定したプログラムの決まりごとは、設定を決めた技術者集団といえども容易には変更できないように工夫されていて、できる限り、ヒトの関与を排して運用されるように設計されています。

ブロックの採掘に成功したマイナーは、自分の作ったブロックの1行目に自分宛の送金が記録されているのを確認します。あたかも、自分の作ったブロックの中で報酬のトランザクションが発生したかのように見えます。ゲームのコインのように、運営者のアドレスから送金されてくるのではなく、送信者のアドレスをエンプティーに設計していることに、ビットコインの作者の意図がよく現れているといえるでしょう。

ところで、送金量のところに、12・5BTCほどと書きました。**実際の金額は、12・5BTCよりも少し多いのが普通です。これは、報酬として決められた額である12・5BTCだけでなく、1件ずつのトランザクションにチップとして加えられた手数料の合計が入ってくるためです。**この手数料の金額は明確に決まっているわけではありません。チップと同じように、慣習によって相場が決まっています。ビットコインのウォレット（お財布ソフト）を使って送金する場合には、たいていウォレットが相場に従ったチップを提案してきますので、それに従って手数料を上乗せして送金するのが無難でしょう。

このチップは、採掘に成功したマイナーの報酬に手数料として上乗せされます。たいていのトランザクションにはチップが付いていますから、マイナーはなるべく多くのトランザクションを取り込んでブロックを作ったほうが、報酬の合計額が大きくなります。

しばしば、ビットコインのメリットは送金手数料が安価であることだと説明されていますが、現在でもこの説明があてはまるとは限りません。ビットコインの送金手数料は、送金を待っているトランザクションの数と、ブロックに取り込むことのできるトランザクションの上限との需給関係によって決まるからです。設定したチップの額が慣習法による相場を下回っている場合には、マイナーが積極的にはブロックに取り込んでくれないので、いつまで経っても送金が確認できない状態が続くかもしれません。

❺承認

ブロックを作成するマイナーは、報酬の12・5BTCを手に入れるために採掘競争に参加しています。では、ビットコインシステムにとっては、採掘という作業はどのような意味を持つのでしょうか。

ブロックが作成されると、このブロックに取り込まれたおよそ2000件のトランザクションは、無事に送金が完了したと見なされます。例えば、2000件のトランザクションの1つである、「アリスからボブへ1・0BTCを送金」というトランザクションは、未承認のステータスから承認のステータスへと変更され、取引が実行されたものとして確定されます。作成されたブロックが書き換えられる可能性というのは、理論的にはゼロではありません。今のところ、ビットコインの設計上は、一度作成されたブロックが書き換えられる可能性は確率的にみて十分に小さいと考えられています。

図表1-8　承認：正解のブロックの中にある送金事実が承認される

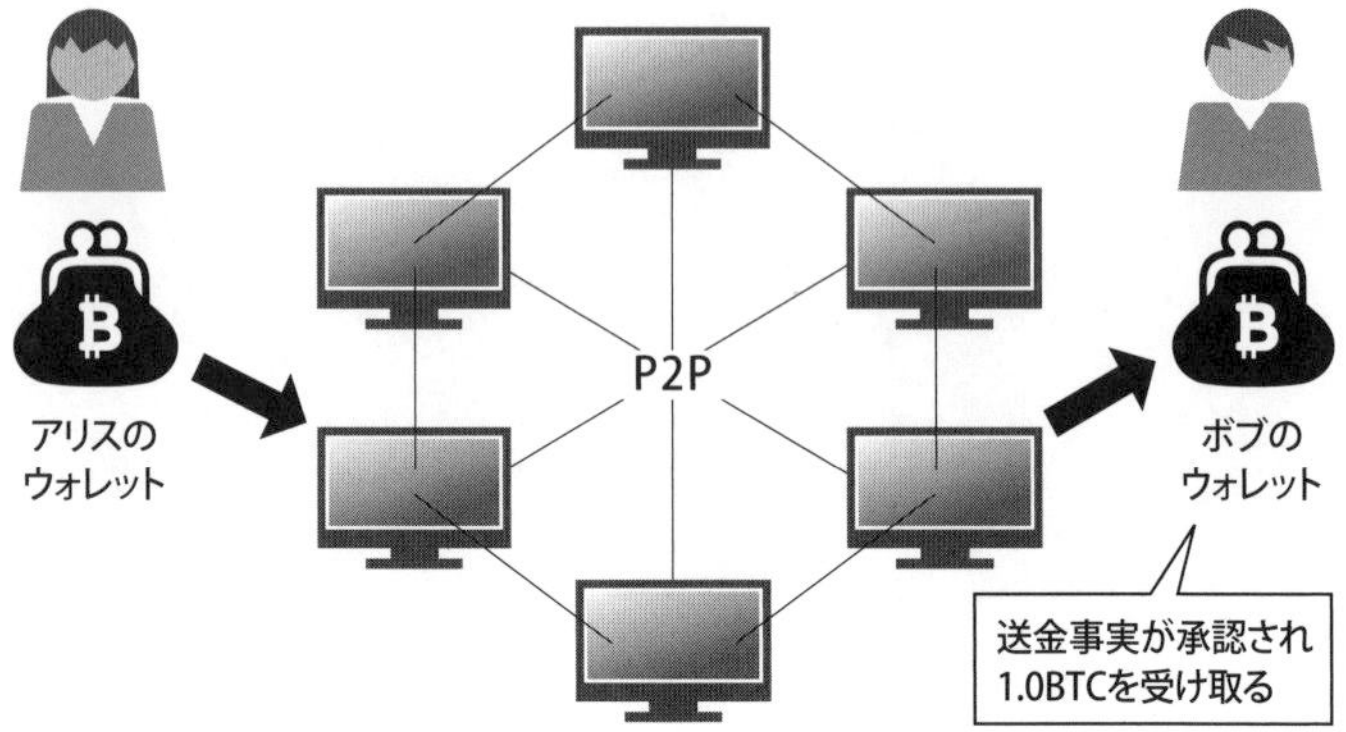

承認時間（約10分）＝マイナーの採掘時間

（出所）　各種資料より著者作成。

よく、ビットコインで送金をすると、承認されるまでに10分間待っていなければならないといわれますが、その説明は正しいといえます。「アリスからボブへ1・0BTCを送金」という事実が発生してから、マイナーたちが競争してブロックの作成を試み、先着1名となったマイナーの誰かがブロックの作成に成功します。そのブロックに、「アリスからボブへ1・0BTCを送金」というトランザクションが含まれていれば、無事に承認されたことになります。ブロックの作成は平均して10分間に1回程度のペースですから、アリスは、ボブに送金してから、およそ10分間待っていれば承認されることになります。

　このように、マイナーは報酬を目当てに行動していますが、そのことが同時に、ビットコインのトランザクションを改ざんできない状態に確定させる効果を持つわけです。マイナーの経済的な利潤追求のための行動が、トランザクションの承認という参加者の利益につながるという仕組みになっています。ビットコインの作者は、マイナーの私的な利益をコントロールして、そのエネルギーを使ってプラットフォームを自律的に維持する巧妙な仕掛けを用意したわけです。

❻流通

さて、ビットコインの流通量はどのようにして決定されるのでしょうか。マイナーがブロックの作成に成功するたびに、報酬としての12・5BTCが発行されます。**ブロックは平均して10分間に1回のペースで作成されますから、およそ10分間ごとに12・5BTCの分量のビットコインが発生します。ビットコインの用語では、ブロックの生成と同時に新たに発生するビットコインのことを、コインベースと呼んでいます。**

現在のコインベースは12・5BTCですが、ビットコインが始まった頃は50・0BTCでした。ビットコインのルールによれば、コインベースは一定の期間ごとに半減することになっています。その一定の期間というのは、日数ではなく、ブロックの番号で決まっています。ブロックの番号のことを、ビットコインの用語では、ブロック高《だか》と呼んでいます。ビットコインのルールでは、ブロック高が21万を数えるごとに、コインベースが半減することになっています。

2009年1月に0番目のブロックが採掘されてから、4年近くが経過した2012年11月28日に、20万9999番目のブロックが採掘されます。この間の、0番目から20万9999番目のブロックまでの、21万個のブロックを採掘した際のコインベースは、1ブロックあたり50BTCでした。この間に発行されたビットコインの合計額は、掛け算をすると1050万BTCであることがわかります。

210,000×50BTC＝10,500,000BTC
（0番目から20万9999番目までのブロックを採掘した人が得た報酬の合計）

その後、**同じ2012年11月28日に、21万番目のブロックが採掘されます。このブロックから、コインベースは半減し、25BTCに変更されました。**そこから、3年と7か月余りの歳月が経過し、2016年7月9日に、41万9999番目のブロックが採掘されます。この期間に、21万個のブロックが採掘されました。この間に発行されたビットコインの合計額は、掛け算をすると、525万BTCであることがわかります。

210,000×25BTC＝5,250,000BTC
（21万番目から41万９９９９番目までのブロックを採掘した人が得た報酬の合計）

そして、同じ**２０１６年７月９日に、42万番目のブロックが採掘されました。このブロック高を境として、コインベースは12・５ＢＴＣへ半減しました。**現在、２０１８年１月時点のコインベースは、12・５ＢＴＣです。現在の12・５ＢＴＣのコインベースは、62万９９９９番目のブロックまで継続することになっています。つまり、次にコインベースが半減するのは、63万番目のブロックが採掘される瞬間からです。

さて、ビットコインの発行残高がいくらかというのは、よく聞かれる質問です。これは、調べてわかることではなく、計算してみれば確認できることです。現在のブロック高は、いくつかの情報源から確認することができますから、ここまでの発行高を合計すればよいわけです。例えば、もっとも最近作られたブロックが55万番目であるという場合には、次のように計算することができます。

210,000×50BTC＝10,500,000BTC
（０番目から20万９９９９番目までのブロックを採掘した人が得た報酬の合計）

210,000×25BTC＝5,250,000BTC
（21万番目から41万9999番目までのブロックを採掘した人が得た報酬の合計）
（550,000－420,000＋1）×12.5BTC＝1,625,012.5BTC
（42万番目から55万番目までのブロックを採掘した人が得た報酬の合計）

ここまでの合計は1737万5012・5BTCです。これが、0番目から55万番目までのブロックの生成にともなって発行されたコインベースの合計です。

では、ビットコインの発行量、すなわち採掘報酬としてのコインベースは、どこまでも増加し続けるのでしょうか。計算を続けてみましょう。ビットコインの総発行量（＝総報酬量）を計算すると、次のようになります。

210,000×50BTC＝10,500,000BTC
（0番目から20万9999番目までのブロックを採掘した人が得た報酬の合計）
210,000×25BTC＝5,250,000BTC
（21万番目から41万9999番目までのブロックを採掘した人が得た報酬の合計）

以下、同様に、

図表1-9　流通：採掘量（発行量）は2140年頃に終了する

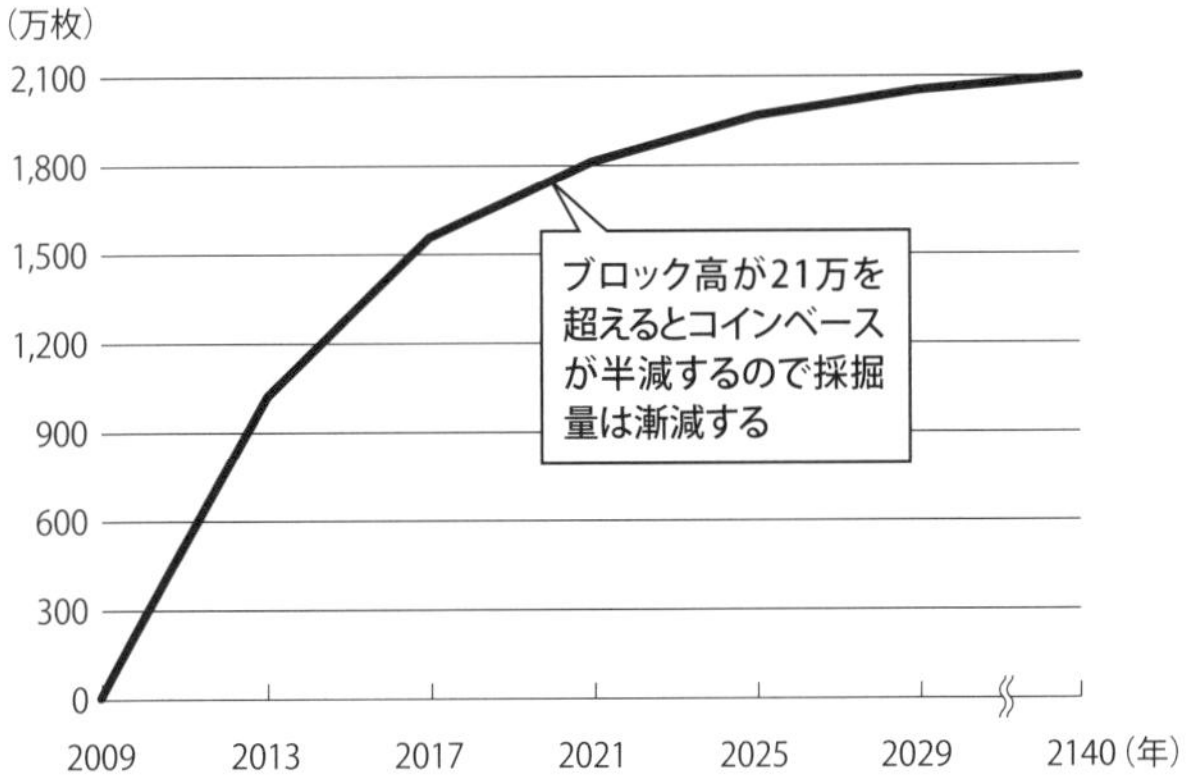

（出所）　各種資料より著者作成。

210,000×12.5BTC＝2,625,000BTC
210,000×6.25BTC＝1,312,500BTC
210,000×3.125BTC＝656,250BTC
210,000×1.5625BTC＝328,125BTC
……

と、続きます。**このまま無限に続きそうですが、最後にコインベースが発生するのは692万9999番目のブロックと決められています。その後もブロックは生成されますが、コインベースは発生しません。こうして発行されるビットコインの総量は、2099万9999・9769BTCです。およそ、2100万BTC足らずです。**このように、採掘量（＝発行量）が漸減していくカーブが、金本位制に似ていると説明されています。

貨幣供給が2140年頃に終了するように設

定されているというのは事実です。ビットコインを新たに供給するブロックの作成は、692万9999番目のブロックが最後となります。**ブロックは平均して10分間に1つ作成されますから、ビットコインの歴史が始まってから、6929万9990分（およそ115万4999・833時間＝およそ4万8125日＝およそ131・76年）で発行が終了します。**

その先は、採掘者のインセンティブとなるビットコインの報酬が0BTCになるので、ブロックを作る理由がなくなることが懸念されています。しかし、採掘者は取引手数料を報酬と同時に受け取る仕組みになっているので、取引手数料を高く設定することによって、エコシステムが維持できると考えられています。

第2節

マイニングとは何をするのか

さて、ビットコインの6ステップの解説では、採掘の喩え話として、煮凝りを例にとりました。実際には英数字の列を改変できないように固めるわけですから、レシピとして関数を使います。ここで使われているのは、ハッシュ関数というものです。これについて、もう少し詳しくみておきましょう。ただし、ハッシュ関数とは何かという説明は省略して、どのような性質を持っているのかという、機能の面だけを確認することにしましょう。

この節は、マイニングについてもう少し詳しく理解したい方のために追加しました。そこまでの説明は不要だという方は、この節を読み飛ばして、いずれ関心が向いたときに戻って来られることをお勧めします。

❶ハッシュ関数とは何か

ハッシュ関数というのは、どのような文字列を「x」に代入しても、常に同じ長さの答え

「y」が得られるような性質を持った関数です。

ハッシュ関数にも、いくつもの種類があります。ビットコインでは、主に2種類のハッシュ関数が使われています。このうち、ブロックを作る採掘のプロセスで使われているのが、SHA256という名称のハッシュ関数です。日本語読みでは、「しゃーにごろ」と呼ぶこともあります。**この関数は「x」にどのような文字列を代入しても、答えとなる「y」の長さが常に英数字列で64桁になるという性質を持っています。**

このハッシュ関数というのは、大きなデータを記録するときに役立ちます。例えば、1日分の実験ノートをまるまる記録するとデータが大きくなります。しかし、1日分の実験ノートの文字列をページ丸ごとハッシュ関数に代入すると、64桁の英数字列になって出力されます。この64桁の英数字列を保存しておくのは簡単です。

この64桁の英数字列を記録して何の意味があるのでしょうか。**実は、ハッシュ関数には、代入する「x」が一文字でも違っていると、得られる「y」が似ても似つかない英数字列に変化するという性質があります。**ビットコインで使われているSHA256のハッシュ関数の場合、代入する「x_1」と「x_2」が異なる英数字列であるのに、得られる「y」が同じ英数字列となることは、無視できるほど少ない確率でしか起こりません。この性質を利用し、「y」の値が書き換えられていないことを確認すれば、「x」が書き換えられていないことが推定されます。

図表1-10　SHA256：採掘に使われるハッシュ関数

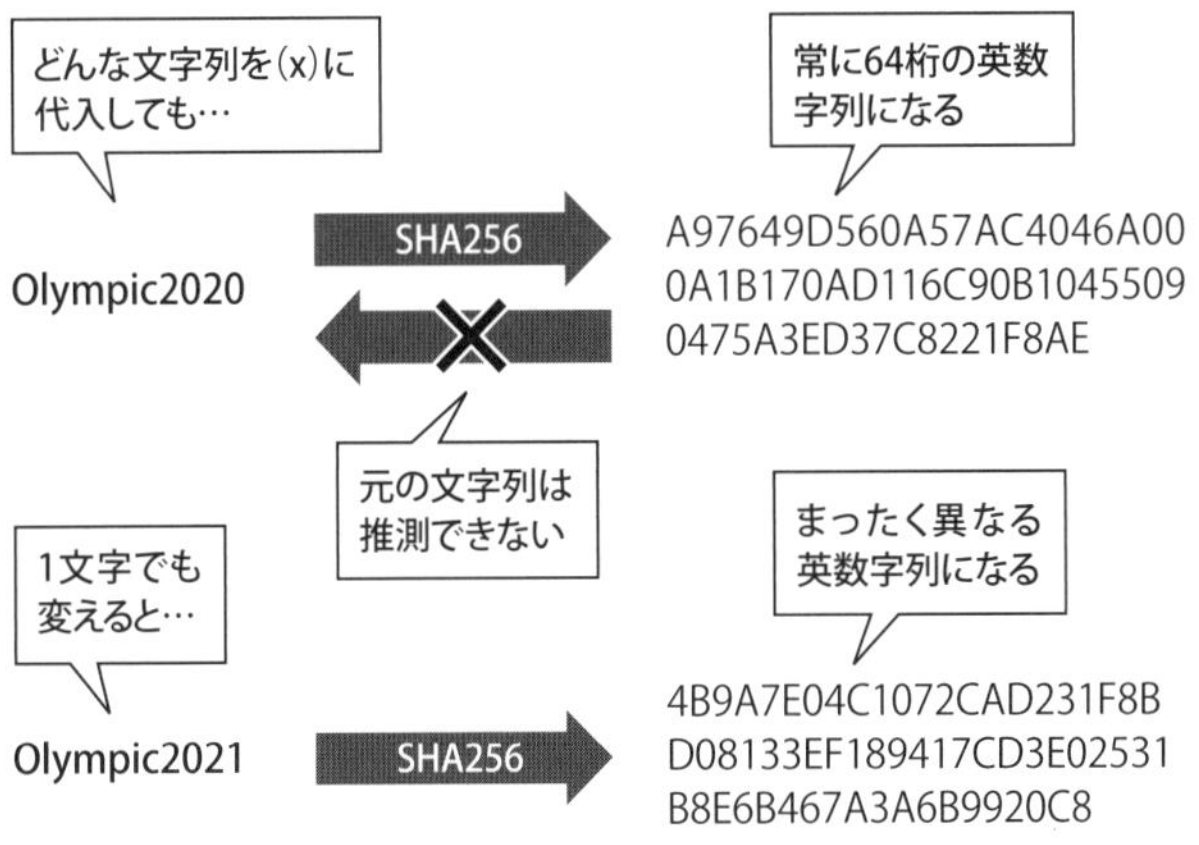

（出所）　各種資料より著者作成。

先ほどの実験ノートの例でいうと、1日分の実験データをノート丸ごとハッシュ関数に「x」として投入して、得られた英数字列「y」を記録しておきます。**後になって、実験ノートのデータを一文字でも改ざんすると、その改ざんは検知されます。なぜなら、改ざんされた実験ノートのデータをハッシュ関数に「x」として投入すると、記録された「y」とはまったくことなる英数字列が導かれるからです。**

さらに、ハッシュ関数には、一方向性というユニークな性質が備わっています。これは、ハッシュ関数の「x」に文字列を投入して、「y」の64桁の英数字列を導くことは簡単であるのに対して、その反対方向として、「y」の64桁の英数字列から、元になった「x」がどのような文字列であったかを推測する方法は存在していない、ということを意味します。

この一方向性という性質は、お金という機能を表現するためには、とても相性のよい性質だといえます。お金を表現するためには、一度起こった出来事をなかったことにしたり、または、巻き戻して書き換えたりすることが、不可能であることが必要とされます。ビットコインに使われているＳＨＡ２５６のハッシュ関数では、「y」から「x」を推測する合理的な方法は、今のところ発見されていないようです。このことが、金融に不可欠の要素である、不可逆性という性質をうまく表現することに役立ちます。

さて、ハッシュ関数の基本的な機能を確認しましたが、これが採掘というプロセスでどのように使われているのかを見ていきましょう。

ブロックを採掘するというのは、３つの要素を使って計算をすることを意味します。３つの要素というのは、先にレシピに喩えて説明した3つの要素と対応します。具体的には、次の3つを指します。

要素1は、採掘を試みようとするマイナーが、ビットコインのネットワークを流れている未承認のトランザクションをかき集めてきた取引の束です。平均して、数百件から２０００件程度のトランザクションを集めて束にする例が多いようですが、１個のトランザクションだけでも作業を開始することはできます。ここで未承認というのは、それよりも前に作成されたブロックに取り込まれていないという意味です。未承認のトランザクションは多数存在しますから、その中からどのトランザクションを選んで束にするかは、マイナー各自の判断に委ねられています。

要素2は、1つ前のブロックのハッシュ値を用意します。ハッシュ値というのは、あるデータの塊をハッシュ関数に「x」として投入して、得られる「y」のことを指します。ここでは、1つ前のブロックのハッシュ値を取ってきます。ブロックも英数字列の塊ですから、ブロックをSHA256のハッシュ関数に投入すると、64桁の英数字列からなるハッシュ値が得られます。

ブロックチェーンというのは、ブロックが数珠のようにつながったものです。これから新しくブロックを作成しようとするマイナーは、存在するブロックチェーンの列に、新たなブロックをつなげます。このとき、自分がつなげようとするブロックチェーンの最後尾にあるブロック、言い換えれば、もっとも最近に完成したブロックのハッシュ値を取ります。

仮に、マイナーがかき集めてきたトランザクションが1999個であったとします。イメージとしては、1999行のトランザクションが並んでいる状態です。ただし、トランザクションの1行目には、自分宛にコインベースを送金する取引があらかじめ書かれています。コインベースの送金も1トランザクションとして数えるので、これを含めたトランザクションはちょうど2000行だけ並んでいます。これで要素1が揃いました。そこに、要素2として、前のブロックのハッシュ値を加えました。全体として、2001行の素材が揃った状態です。

これで、採掘の準備がほぼ整いました（要素1、要素2）。

さて、採掘を始めましょう。実は、採掘というのは、要素1、要素2から成るデータの塊を、SHA256というハッシュ関数に「x」として投入して「y」という値を得ることを意味します。これだけですと、ただ代入すれば「y」は得られますから、あっという間に終わってしまいます。しかし、このゲームにはルールがあります。要素1、要素2のほかに、任意の数（ノンス）を加えてもよいことになっています。これが、要素3です。

これで3つの要素が揃いました。

要素1　直近の2000取引のデータ（2000行）
要素2　前ブロックのハッシュ（1行）
要素3　適当な数（ノンス）（1行）

マイナーは、要素1、要素2、要素3から成るデータの塊を、SHA256のハッシュ関数に「x」として投入します。得られる「y」の値は、64桁の英数字列です。**一見すると簡単な**

図表1-11　ブロックチェーンの3つの要素

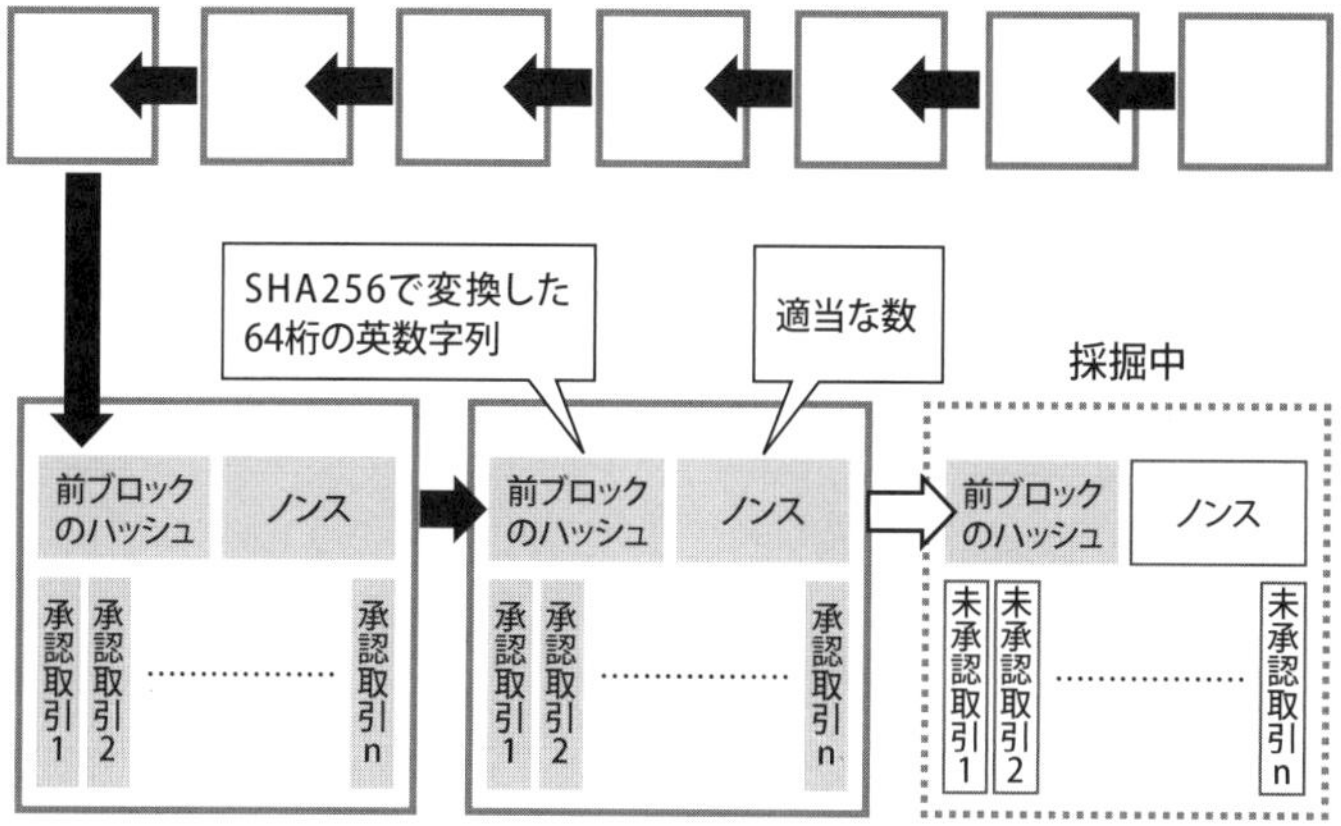

（出所）各種資料より著者作成。

ようですが、このゲームに勝利するためには、ある条件をみたす必要があります。その条件とは、得られた64桁の英数字列の先頭に0（ゼロ）が15個程度並ぶような、とても整った数を見つけなくてはいけないというルールです。

マイナーは、要素1、要素2のほかに、要素3として、たとえば「1」という数字を代入します。そして、要素1、要素2、要素3の塊を、SHA256のハッシュ関数に投入します。

要素1　直近の2000取引のデータ
（2000行）
要素2　前ブロックのハッシュ（1行）
要素3　ノンス「1」を代入

図表1-12　先頭に0が15個程度並ぶと正解

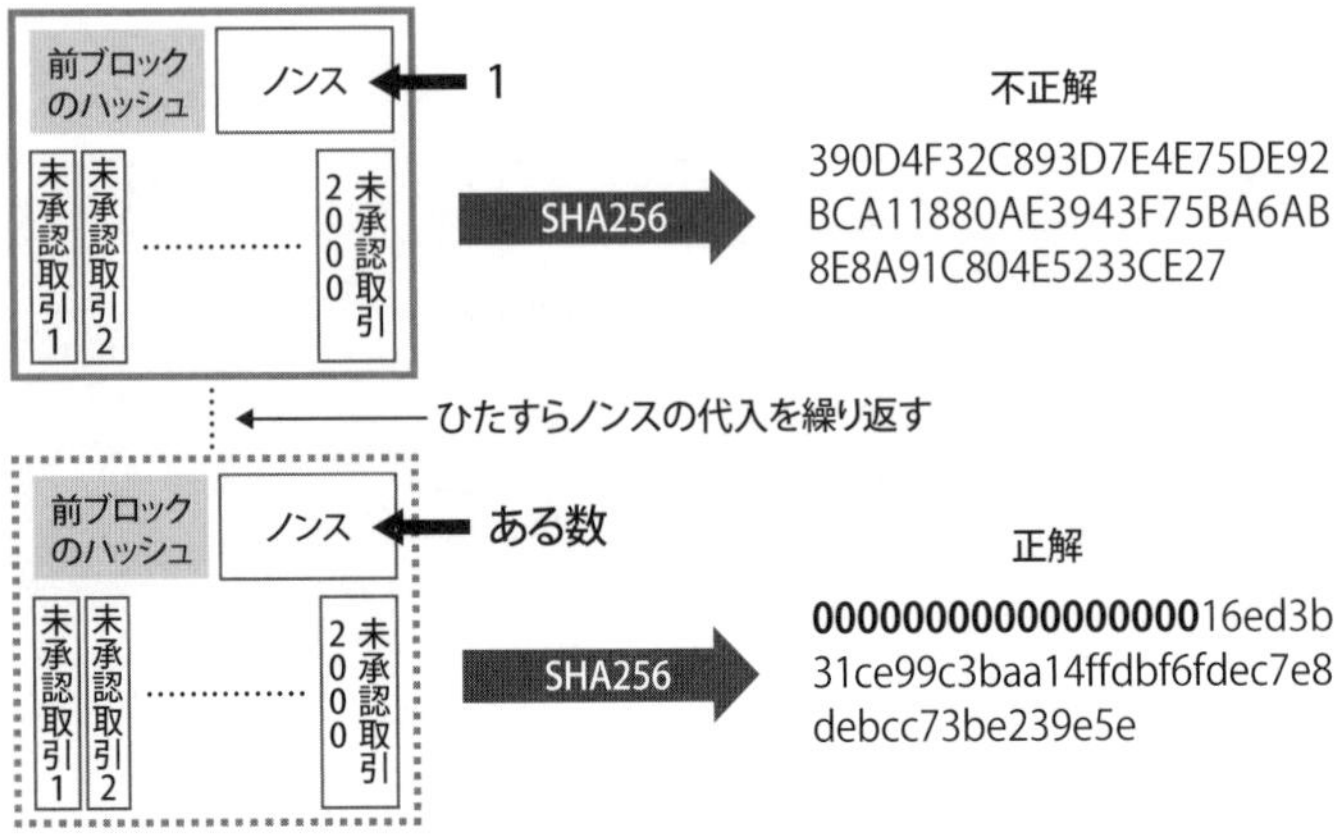

（出所）各種資料より著者作成。

このとき、得られた64桁の英数字列の先頭に、0が15個程度並んでいたら、いきなり勝利です。

しかし、そのような偶然はめったに起こりません。たいていの場合、ランダムな英数字列が得られて、パスワードのような文字列が出力されます。すると、マイナーは要素3をほかの数字に代えて再び計算を試みます。たとえば、要素3として、「2」という数字を代入します。

要素1　直近の2000取引のデータ
（2000行）
要素2　前ブロックのハッシュ（1行）
要素3　ノンス「2」を代入

先ほどとの違いは、ノンスの数字が変わったことです。マイナーは、要素1、要素2、要素3というデータの塊を、再びSHA256のハッシュ関数に投入します。運がよければ、先頭に0が15個並ぶような64桁の英数字列が得られます。外れた場合には、要素3をまた別の数に置き換えて、同じ作業を延々と繰り返していきます。

こうして、マイナーは、要素3のノンス（任意の数）を変えていきながら、要素1、要素2、要素3のデータの塊をSHA256のハッシュ関数に投入する作業を延々と続けます。

なんと偶然に、先頭に0が15個並ぶような、ハッシュ値が得られました。この瞬間、このハッシュ値を見つけた人は、「採掘者」として、マイニングに成功した勝者となります。

0が15個並ぶようなハッシュ値を見つける、というのが、採掘だったのです。ここまでの話を理解するためには、実際にブロックチェーンを確認できるホームページなどを閲覧して、最新のブロックを開けてみるとよいでしょう。そこには、次のことが書いてあるはずです。

要素1：ブロックを作ることに成功したマイナーが集めてきた、およそ数百件から2000件のトランザクション。

要素2：1つ前のブロックのハッシュ値。

要素3：0が15個並ぶようなハッシュ値を得たときに、要素3として加えたノンス（任意の数）。いわば幸運をもたらした数。

これらが書いてあるはずです。そして、新要素として、新たに発見された0が15個並ぶようなハッシュ値が書いてあります。

新要素：0が15個並ぶようなハッシュ値。これが、勝利したマイナーが計算で得た「y」の値です。たとえば、次のような数字が書いてあるでしょう。

000000000000000016ed3b31ce99c3baa14ffdbf6fdec7e8debcc73be239e5e

このハッシュ値は、次のブロックをこれから作成しようとするマイナーにとっては、「1つ前のブロック」のハッシュ値にあたります。すなわち、次のブロックを作成する際には、要素2として使われることになります。

ところで、最新のブロックを開いてみた方は、ブロックのハッシュ値に0が15個ではなく16個並んでいたり、あるいは、14個並んでいたりすることに気がつくでしょう。これは、マイ

図表1–13　ブロックの情報

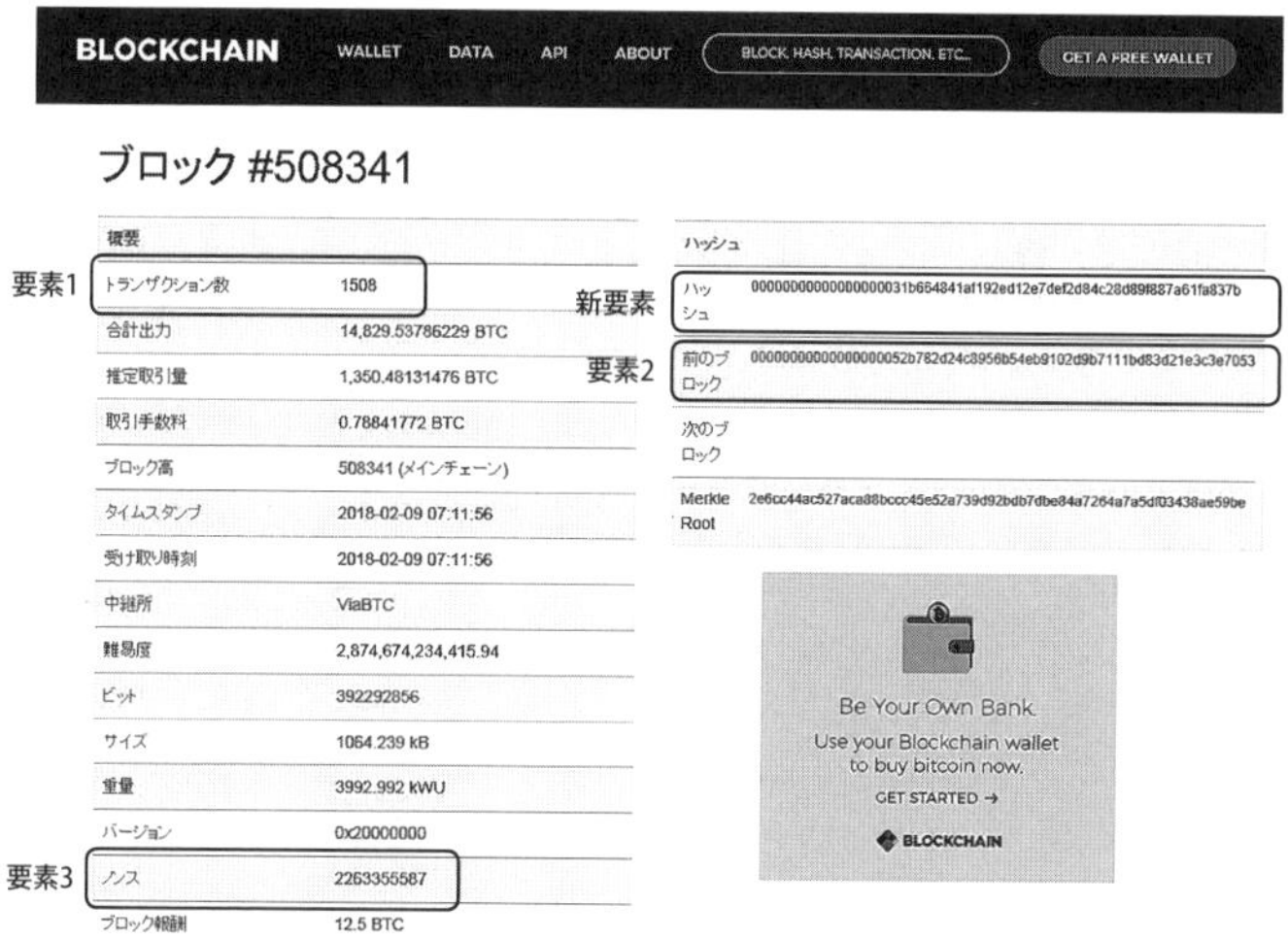

（出所）　https://blockchain.info/

ナーの計算目標となるブロックのハッシュ値というのは、0が15個の数であったり、0が16個の数であったり、難易度が伸縮する仕組みになっているからです。

0が15個のハッシュ値を目標とするよりも、0が16個のハッシュ値を目標とするほうが、目標として1桁小さい数を探すことになりますから、難易度は上がります。これとは反対に、0が15個のハッシュ値を目標とするよりも、0が14個のハッシュ値を目標とするほうが、目標の設定が1桁緩められたことになりますから、難易度は下がります。

このように、ハッシュ値の計算目標の桁数というのは、一定の期間ごとに調整されます。ビットコインの場合には、2

週間に1回のペースで、難易度が調整されるように設定されています。過去2週間の採掘に要する平均タイムが10分を超えていれば、問題が難しすぎるということで、目標とする0の数が1個減ります。過去2週間の平均タイムが10分を下回っていれば、問題が易しすぎるということで、目標とする0の数が1個増えます。こうして、2週間に1回の自動調整によって、ビットコインのブロックを採掘するのに必要なタイムは、平均して10分程度に収まるように設計されています。

もちろん、目標とするハッシュ値が発見されるのは偶然の産物ですから、わずか1分足らずで発見されることもありますし、30分かかっても誰も発見できないこともあります。それでも、平均して10分程度のタイムでブロックが発見されるように設定されていますから、1時間では平均して6ブロックが採掘され、1日では平均して144ブロックが採掘されるというように、一定のペースが保たれているわけです。

❷時制式三式簿記

ここまで、ビットコインの起承転結のステップを追ってきました。トランザクションが発生してから採掘によってブロックに固められるまでの過程をみてきたわけですが、ここでトランザクションがどのように書かれているのか確認しておきましょう。**実際のトランザクションの**

データを開けてみると、過去、現在、未来という3つの要素から構成されています。

このようなトランザクションのことを、時制式三式簿記と呼んでいます。以下に、「アリスからボブへ1・0BTCを送金」という典型的なトランザクションが起こったときの、時制式三式簿記の記述の仕方を見ていきましょう。

登場人物として、中央にアリスがいます。アリスが送金する相手であるボブを右に書きます。そうすると、中央にこれから送金する人のアドレス、右側には送金を受け取る人のアドレスが書かれます。これだけなら、何の変哲もないトランザクションの図です。

では、左側の枠は何のためにあるのでしょうか。ここには、アリスが過去に送金を受け取った記録を書きます。アリスは、キャロルとイブからビットコインを受け取っていたとします。その様子を、過去の送金者として左の枠に記録しておきます。

送金者のアドレスだけでなく、金額も書き込んでおきましょう。キャロルは1・5BTCを、イブは0・5BTCを、それぞれアリスに送ったとします。すると、アリスは今、2・0BTCを保有していることになります。

次に、アリスがボブに、1・0BTCを送金する様子を書いてみましょう。ボブが1・0BTCを受け取りましたから、右側の欄に受け取った金額を記入します。さて、これで左、中央、右に金額が書き込まれました。

左側の欄には、過去の受け取り記録として、アリスに送金した人のアドレスと送金額が書かれています。これは、過去に起こった出来事です。中央には、現在のアリスの保有額が書かれています。これは、現在の状態です。

右側の欄には、これから起こそうとする出来事である、ボブへの送金というトランザクションを書きます。これは、送金という行動を起こそうとする瞬間からみると、少し未来の出来事です。**このように、左側には過去、中央には現在、右側には未来の出来事を記録していきます。このことから、ビットコインの帳簿の書き方は、時制式三式簿記とでも名付けることができます。**過去、現在、未来という3つの時制から成り立っているわけです。

ところで、右側には、あと2つ記入する必要があります。何を記入するのでしょうか。ここには、お釣りを記入します。アリスは2・0BTCを保有していましたから、ボブに1・0BTCを送金すると、残りは1・0BTCです。ただし、ビットコインの送金には手数料がかかりますから、その分を差し引きます。話を簡単にするため、手数料が0・01BTCだったとしましょう。すると、アリスの残高は0・99BTCです。

このとき、アリスの手元に残る0・99BTCを、アリスからアリスへのお釣りの送金という形式で記述します。ここが、時制式三式簿記のユニークな記述方法です。**こうして、左側の過去、中央の現在、右側の未来の3つの時制のバランスがとれました。左、中央、右の合計額**

図表1-14　時制式三式簿記で書くと、過去、現在、未来の量が同じになる

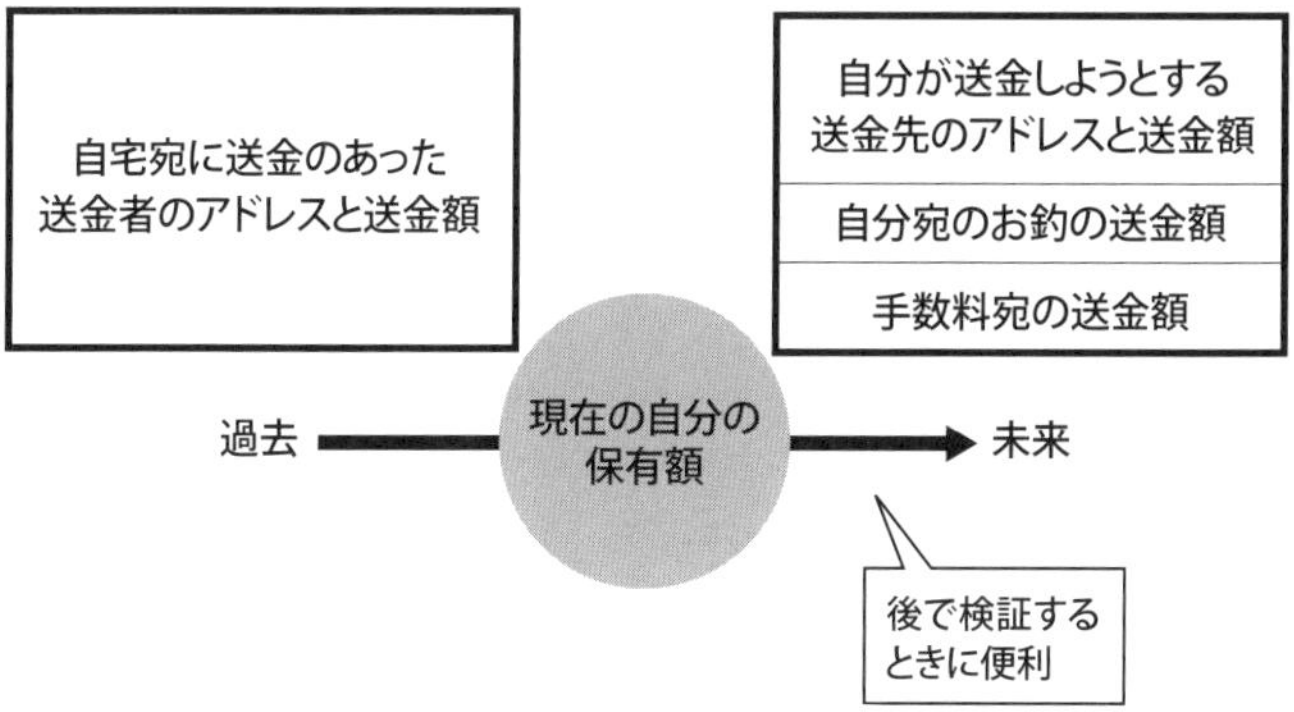

（出所）　各種資料より著者作成。

が常に一定となるように記述するのが、ビットコインの記述の特徴です。

左右のバランスがとれていることから、ここでいう時制式三式簿記の書き方は、いわば貨幣的な質量保存の法則を表現しているといえます。過去、現在、未来の状態を常に等量で記述することは、ばらばらになったトランザクションをつなげて後に検証するときに、とても便利です。

中心を持たないP2Pネットワークを無秩序に動き回るビットコインのトランザクションは、これらをブロックにまとめようとするマイナーによって、かき集められます。このとき、個々のトランザクションを編み合わせていって、相互に矛盾のないことを突き合わせていくときに、時制式三式簿記の形式で書かれていることが役に立ちます。もし、二重送金などの不正が混在

図表1-15　アリスがボブに1.0BTC送金したときのイメージ

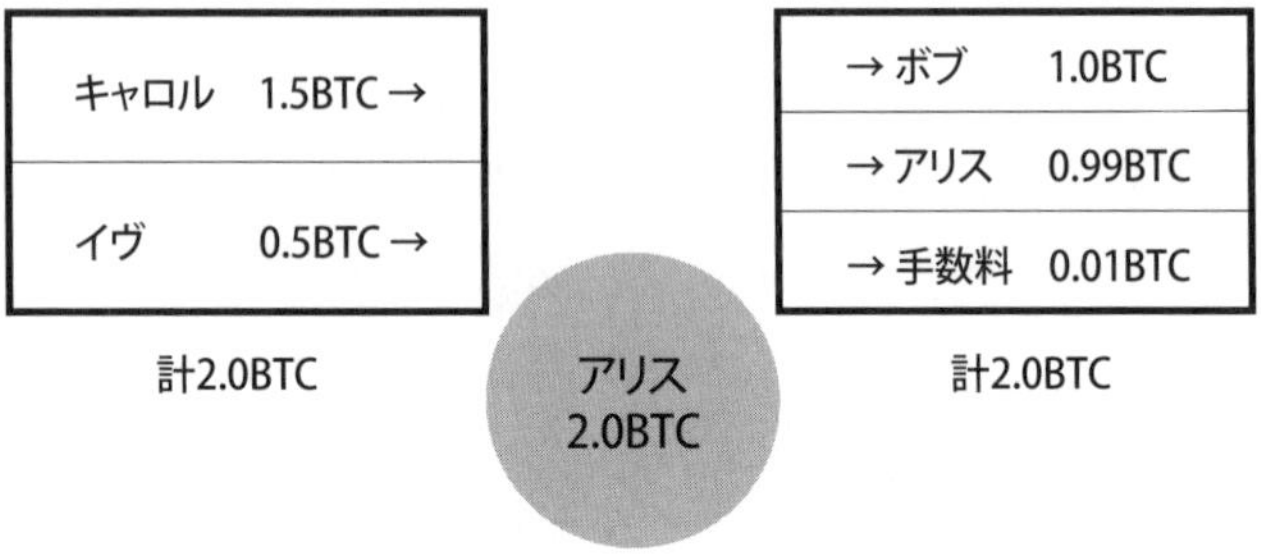

（出所）　各種資料より著者作成。

していたときには、トランザクションをうまく編み合わせることができないからです。

さて、右側に書かれている出来事は、これから起きようとするアリスからボブへの送金という出来事ですが、送金という出来事が起こった直後から、それはボブの受け取った予算となります。すなわち、アリスから見ればボブへの送金額ですが、ボブから見れば自分が使える予算額を示します。

この予算額のことを、ビットコインの用語では、ＵＴＸＯと呼びます。これは、unspent transaction output の略語です。**未使用のトランザクション出力とでも訳すことができそうですが、これをＵＴＸＯと表現します。**出力という言葉のとおり、アリスから見ればボブへの出力ですが、ボブから見れば未使用の予算です。自分が動かすことのできる予算ですから、将来にこれを利用することができます。

ただし、現在は予算が動いてしまわないようにロックされています。このロックが外れるのは、次のトランザクションが成立して、ボブから誰かへの送金が行われたときです。それまでの間は、ボブのＵＴＸＯはロックされています。このように、予算をロックしておくという機能が付いていることが、後にブロックチェーンをスマートコントラクトへ応用していくときの基礎となります。なぜなら、スマートコントラクトというのは、ある条件が成就したときには支払を約束するといった、停止条件の設定を契約することが多いからです。

ビットコインの時制式三式簿記に組み込まれたＵＴＸＯという予算の記述方式は、将来使える予算を記述してロックしておくという形式をとっていますから、スマートコントラクトとの相性がよいわけです。実際に、ビットコインの発展形として、ライトニングネットワークというスマートコントラクトの仕組みが提案されていますが、そこではＵＴＸＯが条件付きの約束事の基礎として利用されています。

注

（1）第１章第１節で紹介した「ビットコイン」の仕組みについて。

本節ではビットコインの仕組みについてなるべく平易に解説しようと心がけました。ビットコインで使われている技術について関心をお持ちの方は、次の図書の第Ⅱ部をご参照ください。

岡田仁志、高橋郁夫、山﨑重一郎［2015］『仮想通貨――技術・法律・制度』第Ⅱ部「仮想通貨の技術的仕組み――ビットコイン登場の衝撃」（東洋経済新報社）。

（2）第1章第2節で紹介した「ビットコイン」の技術的な構造について。

本節では、ビットコインに使われている時制式三式簿記などの性質について、もっぱら概念的に説明しました。ビットコインの構造について、さらに技術的に正確な理解を得ようとされる方には、次の図書をお勧めします。

山﨑重一郎、安土茂亨、田中俊太郎［2017］『ブロックチェーン・プログラミング』KS情報科学専門書（講談社）。ビットコインの基本的な仕組みについては、同書、Chapter 2「ビットコインとブロックチェーンの基本」（山﨑重一郎）に詳しく紹介されています。

Bitcoin&Blockchain

第2章

仮想通貨は電子マネーと何が違うのか

仮想通貨という呼び名でよいのかという論点にも諸説あります。暗号を使っているのだから暗号通貨と呼ぶのが正しいという意見もあるようです。それもそうですが、ビットコインではそれほど高度な暗号が使われているわけではありません。むしろ、簡単すぎて拍子抜けする専門家もいるほどです。仮想通貨に使われている暗号がとりわけユニークであるということもありません。

英単語のバーチャルの和訳にも諸説ありますが、これを仮想と訳すのが慣例であるとすれば、仮想通貨という単語はバーチャル・カレンシーという語に対応するでしょう。

欧米の報告書のいくつかには、バーチャル・カレンシーという用語が使われているようです。一方で、クリプト・カレンシーという用語を使っている例も見られます。言葉の定義というのは、対象となるサービスの実態にあわせて変わっていく可能性もありますから、あえてどちらかに決定する必要もないでしょう。

仮想通貨という新しい言葉が登場したのをきっかけに、通貨、貨幣、電子マネー、法定通貨といった、既存のあらゆる決済サービスとの違いについて議論する機会が増えました。本章では、仮想通貨と電子マネーの違いは何かという疑問を足掛かりとして、決済サービスに関するあらゆる概念を深読みします。

第1節

仮想通貨の分類上の位置付け

❶仮想通貨と電子マネー

さて、仮想通貨という言葉が登場したときに、これは電子マネーとは何が違うのだろうと思った方も多いことでしょう。おそらく、電子マネーとの違いを意識することが、仮想通貨の位置付けを理解するための最良の方法の1つです。日本では電子マネーがよく普及していますから、この疑問を出発点として仮想通貨とは何かを読み解きましょう。

図表2-1は、仮想通貨という言葉が法律に書かれるよりも以前に、私たちが著書『仮想通貨』の中で提案した分類図です。いわば仮想通貨の位置付けに関する私案です。この図に従って、仮想通貨とは何であるのか、電子マネーとは何が違うのかを読み解いていきましょう。

およそ、お金と呼ばれるものには、法律上の裏付けのあるものと、それが希薄であるものとがあります。もっとも法律上の根拠がはっきりしているのは法定通貨です。一万円札などの日本銀行券には、受け取りを拒否できないという強制通用力が付与されています。これは、法と

図表2-1　法定通貨・電子マネー・仮想通貨の分類

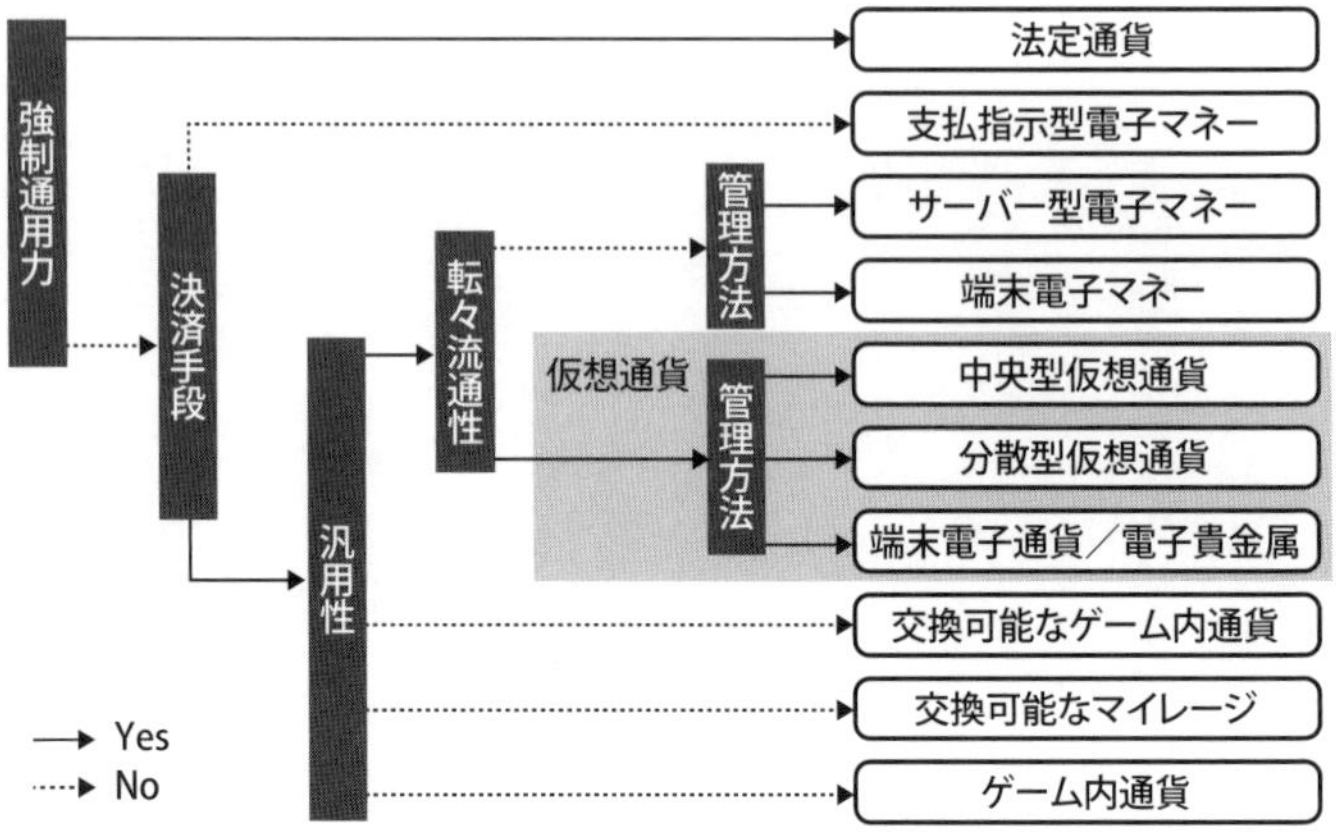

（出所）　岡田仁志・高橋郁夫・山﨑重一郎（2015）『仮想通貨』。

いうフォースを与えられた特別の存在です。

日本でお金として流通しているものは、法定通貨だけではありません。強制通用力のない決済手段であっても、相手が受け取ってくれる限りにおいて支払が成立します。さまざまな決済手段がありますが、あらゆる場所で利用できる汎用性の性質を備えているのが、日本でよく普及している電子マネーです。

電子マネーにも2つの種類があります。ICカードをタッチして支払う電子マネーは、専用端末で読み取る方式であることから、端末電子マネーと呼びます。パソコンをインターネットに接続して16桁程度の文字列を入力してお金として使える方式のものは、サーバー型電子マネーと呼びます。

インターネットで買い物ができるという性

質だけを見ると、サーバー型電子マネーと仮想通貨はよく似ています。しかし、大きく異なる点があります。**個人から個人へと送金できる転々流通性という性質が、仮想通貨には備わっていますが、電子マネーにはありません。**

仮想通貨は電子マネーよりも現金を模倣しています。昔から、お金は天下の廻りものといいますが、現金と同じように誰から誰にでも送ることができるのが仮想通貨の特徴です。しかも、端末電子マネーのような機材を必要としません。世界のどこからどこにでも送金できるのが仮想通貨の特性です。

ここまでの議論をまとめると、強制通用力のない決済手段であって、汎用性を備えるもののうち、転々流通性を持たないものが電子マネー、転々流通性を備えるものが仮想通貨であると整理することができます。ここで忘れてはいけないのが、国家の裏付けの有無という要素です。仮想通貨には国家の裏付けがなく、ゆえに強制通用力も付与されていません。もし国家の裏付けがあれば、もはや仮想通貨ではありません。なぜなら、国家が仮想通貨の技術を応用してデジタル通貨を発行する場合には、それは法定通貨の一種に該当するからです。

これらを総合して、改めて仮想通貨の定義に関する私案をまとめると、次のように表現することができます。**すなわち、仮想通貨とは、強制通用力のない決済手段であって、汎用性および転々流通性を備えるものであり、国家の裏付けを持たないものを指す。**この定義がどのぐらい当たっていたのかは、実際に制定された法律を確認することにしましょう。

❷仮想通貨の法的定義

仮想通貨という用語の法的な定義は、永らく未確定のままでした。国会では、仮想通貨は通貨に該当するか否かが質問されましたが、これに対する政府の回答は、少なくとも通貨には該当しないという趣旨のものでした。当時、仮想通貨はモノか通貨かといった議論も起こりましたが、これは議論の立て方がややミスリーディングです。ここで議論しているのは、モノかお金かという二者択一の命題ではありません。

日本の法律には、通貨を真正面から定義した条文はありません。もちろん、通貨という言葉はいくつかの法律に登場しますが、通貨とは何かを必要十分に定義した条文というのは存在しないわけです。そのような法体系のもとで、仮想通貨とは何かを定義しようとするのですから、これは難しい作業になることが予想されました。この時期に、私たちが著書『仮想通貨』の中で私案を定義したのが、先に示した分類図の考え方です。

果たして、法律ではどのように定義されたのでしょうか。ここで、答え合わせをしてみましょう。資金決済法の改正によって、仮想通貨は次のように定義されました。

仮想通貨とは、「物品を購入し、若しくは借り受け、又は役務の提供を受ける場合に、これらの代価の弁済のために不特定の者に対して使用することができ、かつ、不特定の者を相手方として購入及び売却を行うことができる財産的価値であって、電子情報処理組織を用いて移転することができるもの」と定義されました。これが、資金決済法2条5項1号です。

最初の、「代価の弁済のために」利用されるというのは、仮想通貨が決済手段であるということを意味しています。**もし仮想通貨がモノであったら、仮想通貨で物品を購入する際には、購入しようとする物品と仮想通貨というモノを物々交換するという構成になります。**あるいは、現金に代えてモノで支払うという代物弁済が成立したと見ることができるかもしれません。これでは、仮想通貨という名称ではなく、何らかの仮想のモノといったほうがよいでしょう。法2条5項1号によって、仮想通貨は決済手段としての法的地位を与えられたと見ることができます。

次に、「不特定の者に対して使用することができる」という要素は、分類図でいうところの汎用性に該当するといえるでしょう。国内のあらゆる業種で利用できるものであって、特定の店舗や特定のサービスだけで利用できるものではないことを意味します。この汎用性という要素は、電子マネーにも備わるものでした。特定のコミュニティーの中だけで意味を持つゲーム内通貨のようなものではなく、仮想通貨には汎用性が付与されたことになります。

第三の要素は、「不特定の者を相手方として購入及び売却を行うことができる財産的価値」という文言です。これは、転々流通性のことを指すものと見ることができます。仮想通貨とい

図表2-2　法定通貨・電子マネー・仮想通貨の特徴

	法定通貨	端末 電子マネー	サーバー型 電子マネー	仮想通貨
法律上の裏付け （強制通用力）	○	×	×	×
決済手段の 汎用性	○	○	○	○
個人間の送金 （転々流通性）	○	×	×	○

（出所）　各種資料より著者作成。

うのは、誰から誰にでも移転できる財産的な価値です。**従来の電子マネーが個人間の移転を制限していたのに対して、仮想通貨は無制限の転々流通性をその存在意義として登場しました。**法2条5項1号によって、仮想通貨は転々流通性という性質を付与されたといえます。

　これらの要素は、私たちが私案として考えていたことの範囲内におおむね収まっています。しかし、想定していなかった要素もありました。それは、法2条5項1号の括弧書きに、「本邦通貨及び外国通貨並びに通貨建資産を除く」と書かれていることです。その趣旨は、預金や債券などの通貨建て資産を、仮想通貨の定義から除くことです。確かに、日本の法定通貨や外国の通貨を単位としたものは、独立の通貨単位を主張しようとする仮想通貨とは存在意義が異なります。このことを確認するための文言であると理解することができます。この要素は、直接または間接に国家の裏付けを持たないという意味合いにおいては、私案で検討した定義と趣旨において通じるものがあるかもしれません。

さらに、資金決済法2条5項2号では、1号で定義した仮想通貨と交換可能なものを2号仮想通貨と定義します。すなわち、「不特定の者を相手方として（前号に掲げるものと）相互に交換を行うことができる財産的価値であって、電子情報処理組織を用いて移転することができるもの」は、やはり仮想通貨に該当すると定義しています。これは、仮想通貨に該当するはずのものが、仮想通貨と交換できる別の形式をとることによって、定義から外れることを防ぐための条項だと理解することができます。

ところで、この法律が定義する仮想通貨というのは、ビットコインのような分散型仮想通貨のことを指すのでしょうか。あるいは、発行者が明確に存在する中央型仮想通貨のことを指すのでしょうか。文言を読む限り、これらのいずれを指すものであるのかは、特定されていません。**つまり、資金決済法が定義した仮想通貨という文言は、仮想通貨取引所が取り扱う客体としての仮想通貨の外延を決定するためのものであって、仮想通貨そのものの性質を正面から定義したものではないのです。**したがって、仮想通貨とは何かということを必要十分に一義的に決定するような定義というのは、依然として研究者の宿題であり続けているわけです。

❸分散と集中の設計思想

あらゆる決済手段の中で、どこでも使えるという汎用性と、誰にでも送金できる転々流通性を兼ね備えているのが仮想通貨です。その代表格はビットコインです。私たちが慣れ親しんできた電子マネーは、消費者がよく名前を知っている企業が発行していました。では、仮想通貨は誰が発行するのでしょうか。

驚くべきことに、ビットコインには発行会社がありません。どこかの企業が発行するのではなく、世界中に散らばるユーザーが互いに協力しあって支えています。それを可能にしたのが、ブロックチェーンという新しい技術です。この画期的な技術を発明したのが、サトシ・ナカモトと呼ばれる謎の人物です。

それにしても、なぜ発行会社が存在しないのに、ビットコインは作動するのでしょうか。これを説明するためには、ブロックチェーンという仕組みについて踏み込んで解説することが必要になってきます。ここでは、ビットコインには発行会社が存在しないという事実だけを覚えておいてください。

これまで私たちが知っていたあらゆる電子的な決済手段は、特定の企業体が大型コンピュー

図表2-3　ビットコインには発行会社がない

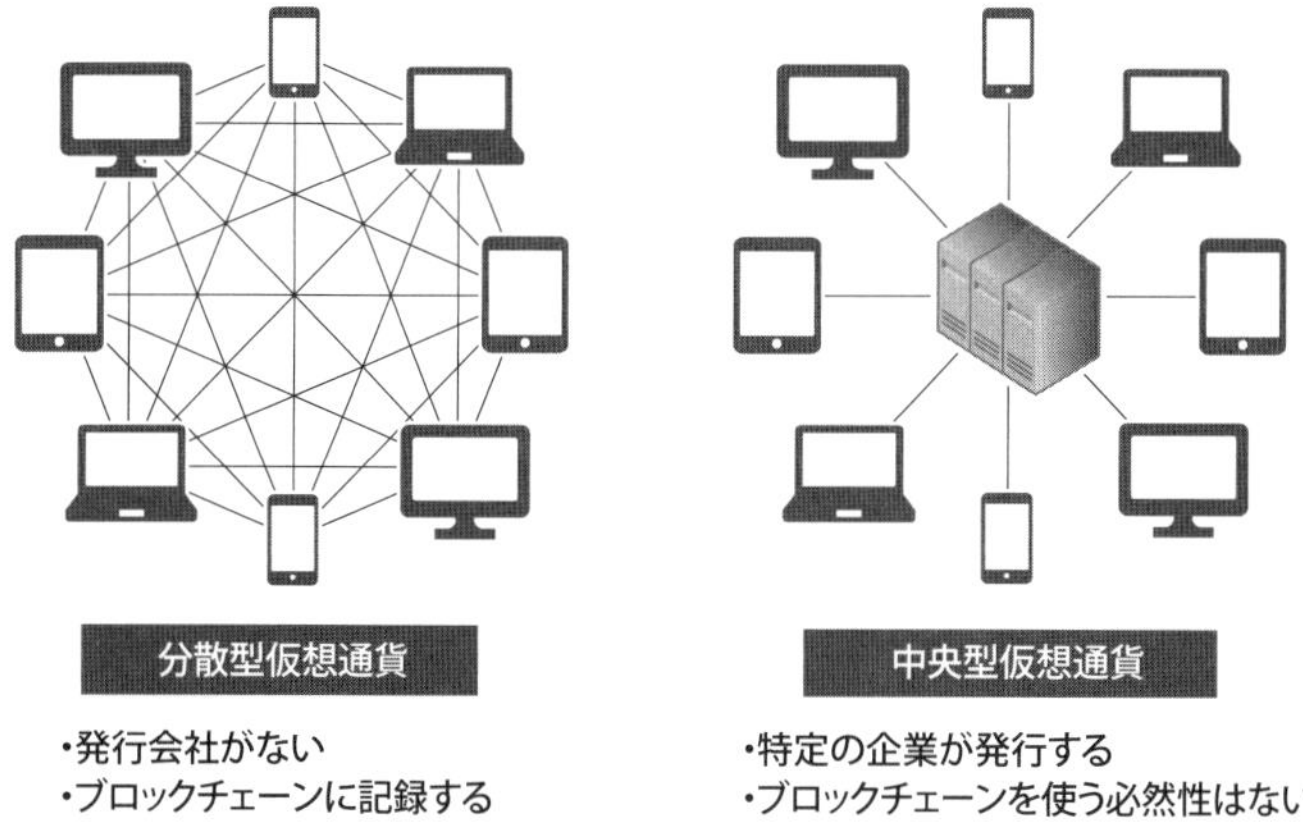
分散型仮想通貨
・発行会社がない
・ブロックチェーンに記録する
中央型仮想通貨
・特定の企業が発行する
・ブロックチェーンを使う必然性はない

（出所）　各種資料より著者作成。

ターを設置して、すべてのユーザーの財布を管理し、すべての取引を一元的に記録するという仕組みでした。ところが、ビットコインには発行する企業体というものが存在しません。では、どこに記録があるのでしょうか。

ビットコインの記録はブロックチェーンに書かれています。ブロックチェーンはどこかの大型コンピューターに記録されているのではありません。この仕組みをボランティアで支える人たちが、自分のコンピューターをインターネットにつないで、絶えず最新のブロックチェーンを記録しています。

ブロックチェーンを記録するのはボランティアですから、誰でも自由に参加することができます。ビットコインのブロックチェーンを記録するコンピューターは、世界中におよそ1万1000台ぐらい存在しているとみられています。世界中に記録が分散しているので、ビットコインは分散型仮想通貨と呼ばれています。

分散型仮想通貨の対義語は、中央型仮想通貨です。広い意味の仮想通貨には、分散型だけでなく、企業が発行するタイプのものが含まれます。こうした仮想通貨には、意思決定を行う中心が存在していますから、中央型仮想通貨と呼ばれます。このとき、必ずしもブロックチェーンという技術を使う必然性はありません。

特定の企業体が発行する中央型仮想通貨は、発行量をコントロールするのも、技術的な仕組みを選択するのも、すべて企業の意思決定によって行われます。もちろん、ブロックチェーンという技術を使って、記録を数か所に分散して置くこともできますが、どこに記録を置くのかは企業の意思決定に委ねられます。

人は取引関係に入るときに、相手の人柄や企業としての評判を信頼して、顔の見える主体と主体との間で契約を締結します。こうした取引慣行になじみやすいのが、企業体が発行する中央型仮想通貨です。

そのアンチテーゼとして登場したのが、ビットコインのような分散型仮想通貨なのです。**中心となる企業が存在しないからこそ信頼できる。そのように考える人たちが、ビットコインのような分散型仮想通貨を支持しているのだろうと考えられています。**

第2節

デジタル通貨の登場

❶法定通貨のデジタル化

ビットコインは分散型仮想通貨です。その特徴は、発行主体となる企業が存在しないのに、世界中のどこでも利用される汎用性と、誰から誰にでも譲渡できる転々流通性を表現していることです。そうすると、仮想通貨の定義というのも、この性質をそのまま書けばよさそうです。ところが、広義の仮想通貨といった場合には、分散型だけではなく、中央型も含めなければいけません。すると、発行主体となる企業が存在しないという要件は、あてはまらなくなります。ここで、法定通貨との違いに着目してみましょう。法定通貨には強制通用力という特別な力が与えられていました。

ビットコインには強制通用力がありません。受け取る側がよしとすれば支払が成立しますが、受け取る義務はありません。**このような通貨のことを、任意に受け取れば通貨として機能することから、任意通貨と呼ぶことがあります。**仮想通貨は、分散型であっても中央型であっても、任意通貨の性質を有しています。仮想通貨に強制通用力がないのは当然ともいえます。それは、国家の裏付けのない任意通貨に過ぎないからです。仮想通貨の発生に遡ると、国家の裏付けを持たないというのは、とても本質的なことです。ビットコインは、どの国にも属さない通貨を流通させるために発明されたと考えられています。

国家の裏付けを持たないことは、分散型であるか中央型であるかを問わず、仮想通貨に欠かせない性質です。こうして、私たちの著書『仮想通貨』では、仮想通貨を次のように定義しました。**すなわち、仮想通貨とは国家の裏付けを持たない決済手段であって、汎用性と転々流通性を備えるものを指します。**このように提案しました。

では、国家が仮想通貨を発行したらどうでしょうか。発行者の存在する仮想通貨ですから、中央型仮想通貨に分類されるのでしょうか。いや、そうではありません。国家がブロックチェーンを使って仮想通貨類似のものを発行するならば、任意通貨ではありません。それは、法定通貨の一種なのです。

もっとも、紙幣や硬貨といった従来の法定通貨に比べると、ブロックチェーン型の法定通貨は、むしろ仮想通貨に近い振る舞いをするでしょう。インターネットにつながっていれば、国境を越えても送金できます。ただし、国外では強制通用力を持ちませんから、国外では外国通貨の一種になります。

こうしたブロックチェーン型の法定通貨のことを、デジタル通貨と呼びます。ただし、デジタル通貨という用語を使うときには、それがブロックチェーンで構成されていることを必須としません。したがって、厳密にいえばデジタル通貨という概念はブロックチェーン型の法定通貨よりも広い概念です。こうして、ブロックチェーン型の法定通貨は、民間の発行する中央型仮想通貨と競合することになります。

中央型仮想通貨の発行主体としては、これまで金融業を扱ってきた市中銀行や、ブロックチェーン技術を理解するIT産業などが名乗りをあげています。しかし、任意通貨が社会インフラとして受け入れられるのは並大抵のことではありません。その最大のライバルは法定通貨です。では、ブロックチェーン型の法定通貨は、中央型仮想通貨と競合するのでしょうか。

自国の中央銀行が発行するデジタル通貨は、強制通用力というフォースを持っていますから、これは特別な存在です。しかし、民間が発行する中央型仮想通貨のライバルは、それだけではありません。他国の中央銀行が発行するブロックチェーン型の法定通貨が、日本に押し寄せてくるかもしれません。およそ通貨には、使う人が増えるほど、使う価値が高まるという効果が働きます。任意通貨としての中央型仮想通貨は、自国でも他国でも、自由な競争にさらされます。**こうして、主体のない分散型仮想通貨と、あらゆる中央型仮想通貨が、外国発行の法定通貨をも巻き込んで競争する時代がやってこようとしています。**

こうした流れに対抗するためには、中央銀行発行のデジタル通貨が、民間発行の中央型仮想通貨と協調して流通を把握するという選択肢もありえます。これらは、中心を持たない分散型仮想通貨の設計思想とは相容れない性質のものですが、現実的な解の1つです。デジタル通貨を発行する中央銀行と、中央型仮想通貨を発行する民間銀行などの主体との間に協調関係が成立すれば、海外で発行されたデジタル通貨の流入を抑えることができます。

もっとも、こうした状況においても、分散型仮想通貨の流通を制することはできないでしょう。デジタル通貨と中央型仮想通貨の連携した決済システムと、分散型仮想通貨という独立系の決済システムとが、選択的に共存する社会が到来するのかもしれません。

❷価値の引き当てはあるか

通貨というものは、誰もが通貨と思うものが通貨となるという性質を持ったものであり、循環論法によってのみ説明される。通貨の成り立ちを、このように論じることがあります。これは、民間で鋳造された銅貨などの私鋳銭を説明するのに便利ですが、ビットコインにもあてはまりそうです。

ビットコインのような分散型仮想通貨には、引き当てとなる資産は存在しません。なにしろ、発行主体が存在しないのですから、保有する資産というのもありません。引き当てのない通貨など、通貨とはいえない、という意見もあるでしょう。それでもビットコインは通貨の顔をして流通しています。

発行主体が存在していると、企業としての財務状態や、経営者の人柄など、信頼性の根拠を探すことができます。仮想通貨に発行主体が存在すると、受け取る前にいろいろと調べることが出てきます。ところが、いっそのこと発行主体が存在しなければ、信用調査をしようにも手段がありません。

結局のところ、分散型仮想通貨というのは、みんなが通貨だと思って受け取ってくれるうちは、あたかも通貨であるかのように流通するもの、としか説明のしようがありません。もともと、ビットコインは国家からの自由を体現するために発明されたと考えられていますから、無理もないことです。

仮想通貨に引き当てという概念を持ち込んだタイプもあります。それが、電子貴金属と呼ばれるタイプの仮想通貨です。これは、金などの価値を引き当てとして、これに見合った量の仮想通貨を発行するというアイデアです。信託財産のような形で金をどこかに置いておき、価値の範囲内で仮想通貨を発行します。こうすれば、銀行のような信用力のない技術者集団であっても、仮想通貨を発行できそうです。確かに、稀少金属などの財産を保有していること、その保有する範囲内で発行していることが証明できれば、クレバーな方法かもしれません。しかし、これを外部から確認するのは容易ではありません。

かつて、ブロックチェーンが発明されるよりも以前に、同じようなタイプの任意通貨がありました。リバティ・リザーブというサービスで、FRBをもじったようなネーミングでした。このサービスは、マネー・ロンダリングを理由として停止させられましたが、発想としては電子貴金属の先駆けでした。

電子貴金属の難しいところは、確かに貴金属が存在していることの証明が難しいところです。それこそ、ブロックチェーンを応用した公証技術が発達すれば可能かもしれませんが、現状ではそうはいきません。すると、信託財産を置くよりも、財産を預かるほどの信用力のある主体が発行したほうがよいことになります。

こうして、銀行のような信頼点となる主体が中央型仮想通貨の発行者となるのが近道ではないか、という発想に行きつくわけです。確かに、任意通貨の発行主体としては適格であることは間違いなさそうです。

しかし、デファクトの存在として世界を流通しているビットコインと競争するには特色が必要です。**そこで考えられるのは、デジタル通貨との連結という縦方向のつながりと、国内外の商業銀行ブロックチェーンの連結という横方向のつながりでしょう。**こうした特色を打ち出すことができれば、民間発行の中央型仮想通貨にも普及の可能性があるかもしれません。

第3節

電子マネーの復権

❶独自の発展を遂げた電子マネー

仮想通貨が話題にのぼるようになってから数年が経過しましたが、この間、電子マネーはどのような動きを見せていたのでしょうか。ビットコインを店舗での支払に利用できるようになると、利用者の感覚としては、電子マネーの種類がまた1つ増えたと受け止められるかもしれません。

日本で普及している電子マネーは、ICカードをタッチして支払うタイプです。価値をあらかじめチャージしておく前払式ですから、チャージされた価値を預かる発行者には法的な責任が生じます。そのための法律が資金決済法であり、発行企業は業界団体に加盟してルールを遵守します。

ICカードの代わりに、スマートフォンをタッチして支払うこともできます。この場合、スマートフォンにはICカードと同じく、近接無線通信の技術が入っています。これは、NFC

という国際的に標準化された方式に準拠しています。

ビットコインのような分散型仮想通貨には、もともと標準化という概念は存在しません。国家の手を借りずに決済インフラを構築しており、国家間協議の枠組みには興味がないわけです。典型的なデファクト・スタンダードであり、結果的に仮想通貨のスタンダードになることを目指します。

世界中どこに行っても、ビットコインの利用者は、同じ財布を使うことができます。初めから国境の概念がなく、国家ごとの特殊な仕様というのもありません。ビットコインの仕様というのは世界共通なのです。日本にやってきたインバウンドの旅行客は、母国と同じ環境でお財布ソフトを使います。

これが原則のストーリーなのですが、日本ではビットコインにも日本固有の方式が取り入れられています。お財布ソフトをスマートフォンに入れて、自分で管理するというのがビットコインの発想です。しかし、通帳としてのお財布ソフトには、印鑑にあたる秘密鍵が入っています。

秘密鍵を失ってしまうと、お財布ソフトは機能しません。自分が持つビットコインの保有高は凍結してしまいます。**秘密鍵を盗まれると、ビットコインの保有高は不正に送金されてしまいます。**秘密鍵を安全に管理することは専門家でも難しいとされ、仮想通貨の普及の障害と

図表2-4　日本のビットコイン利用は世界標準と異なる

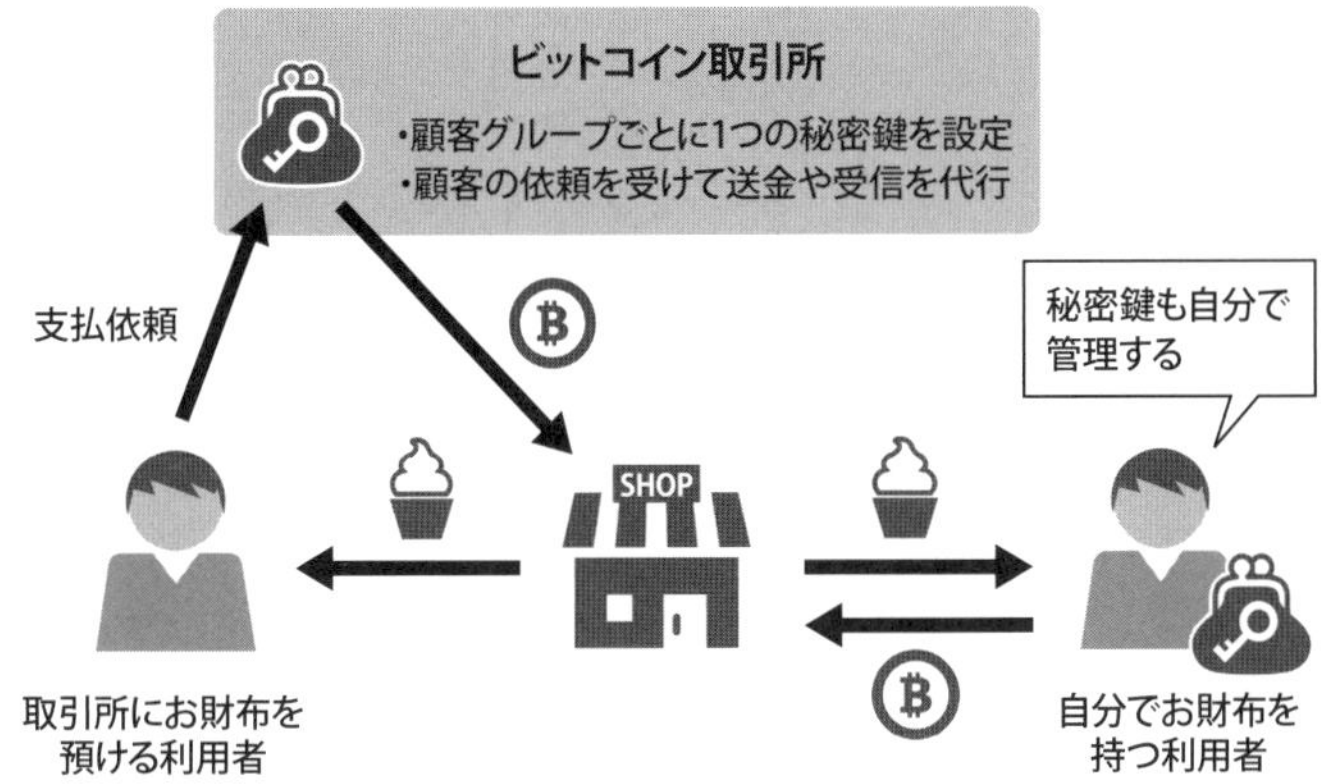

（注）　取引所によって仕組みが異なる。
（出所）　各種資料より著者作成。

なっていました。

そこで登場したのが、仮想通貨の取引所にお財布を預けておくというサービスです。取引所は顧客一人一人の秘密鍵を安全に預かり、顧客の依頼を受けて送金や受信を代わりに行います。状況によっては、顧客個人の秘密鍵に対応するアドレスではなく、顧客グループの秘密鍵に対応するアドレスから送金を行うこともあります。すると、顧客は自分の依頼した送金を、個人の秘密鍵に対応したブロックチェーン上の記録で確認することはできません。

取引所は、店舗とも契約して、仮想通貨を受け取るためのインフラを提供し、仮想通貨の現金化にも対応します。いわば、仮想通貨のアクワイアラー業務を行うようになります。

顧客と店舗が同じ取引所を利用していると、あたかも取引所を中心とした三点決済が行われているように見えます。

この方式が定着すると、電子マネーのような感覚で利用できるため、国内の利用者にとっては仮想通貨が身近な存在になります。その一方で、海外からの旅行客にとっては、取引所を中心とした三点決済は異質なものに映るでしょう。**なぜなら、ビットコインの原則は、お財布ソフトを自分で管理して、第三者の関与なしに送金する方式だからです。**

❷電子マネーは最終段階へ

今世紀に入ってから、日本では電子マネーが急速に普及しました。普及の過程を辿ると、ITサービスが消費者に拡がっていく順序がよくわかります。技術の普及経路については、アーリーアダプターと呼ばれる新しいもの好きの人から、次第に一般の人へと普及していく理論が知られています。

この理論では普及の段階は細かく区切られているのですが、ここでは簡略化して4段階に集約してみましょう。第一段階は、新しい技術を好む人たちが利用する時期です。これは大切な段階ですが、社会的に知られた存在にはなっていません。アーリーアダプターの人だけに知られている段階です。

第二段階では、電子マネーという新しいサービスが便利であることが認識されます。日本では、交通系のカードが登場したことによって、これまでの紙媒体の切符よりも便利であることが認識されました。さらに、店舗でＩＣカードをタッチするだけで支払が済む便利さが評価されました。

第三段階では、現金よりも電子マネーのほうがお得であることが認識されます。流通系のカードが登場したことによって、ポイントの貯まるお金、割引のあるお金として、現金よりも好まれるようになります。**利便性よりも利得性のほうが、消費者の内心の高揚感を引き出す効果を持ちます。**

第四段階では、電子マネーの社会的意義が問われます。新しい技術を好まない人たちは、自分のための利便性や利得性だけでは利用を開始しません。むしろ、地域への貢献や社会への還元など、利他性が表現されていれば利用を検討します。日本の電子マネーはすでに、この段階に達しています。

いくつかの段階を経て現在の普及レベルに至った電子マネーは、新たな壁に直面しています。とりわけ、利便性の面においては、新たに登場したビットコインなどの分散型仮想通貨の挑戦を受けています。もっとも、ビットコインには価格変動や秘密鍵の管理など問題も山積しています。

図表2-5　中国で急拡大するモバイル決済サービス

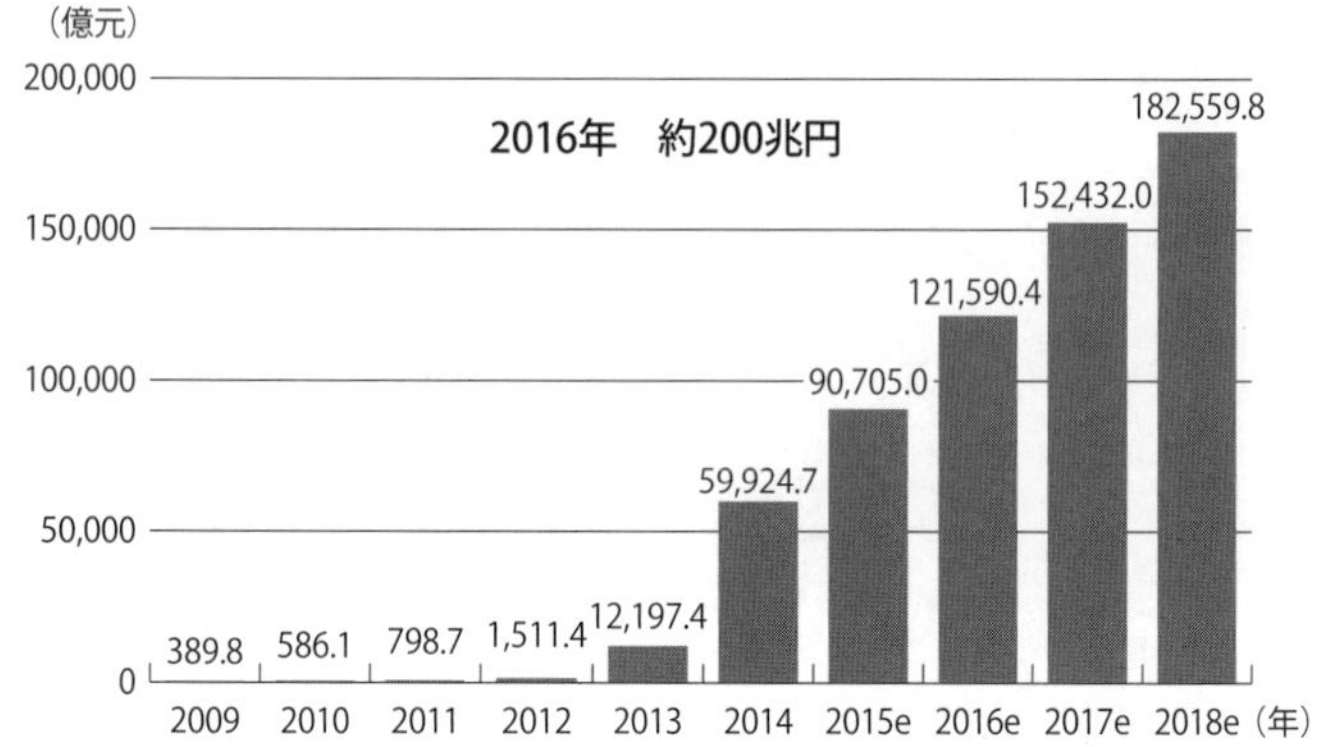

（注）　中国のスマホ決済の市場規模（銀行・銀聯を除く）。2015年以降は予測値。
（出所）　iResearchの資料より著者作成。

むしろ、大きなライバルとなるのは、海外からやってくるモバイル決済のサービスです。中国では、アリペイやウィーチャットペイなど、スマートフォンで支払のできる便利なサービスが爆発的に普及しています。あらゆる店舗で使えるだけでなく、出前のバイクや道端の屋台でも利用できます。

さらに、日本の電子マネーとの決定的な違いとして、支払を受ける側に立つことができます。フリーマーケットなどのイベント会場で、電子マネーによる支払を個人が受けることはできません。**ところが、中国で普及するモバイル決済は、支払側だけでなく受取側にもなることができるのです。**

このサービスは、人から人への無制限の転々流通を認めていますから、中央型仮想通貨に分類されます。転々流通性は、電子マネーがあえて避けてきた機能ですが、ライバルとなる海外のモバイル決済では、利便性の高い機能として支持されています。これは、日本の電子マネーの利便性が相対的に低下したことを意味します。

いまや、電子マネーは異種のライバルとの競争にさらされます。受けて立つ日本側では、電子マネーに転々流通性を持たせて中央型仮想通貨に転換するか、同様のサービスを日本でも立ち上げるかの選択を迫られます。何もしないという選択は、海外のモバイル決済の国内での普及をもたらします。

❸価値の所在の曖昧化

仮想通貨と電子マネーの分類を描いた図には、支払指示型電子マネーという項目があります。これは、価値そのものを移転させるのではなく、どこかに置かれた価値の所有者を移転させるような指示型の決済サービスのことを指します。典型的には、デビットカードによる支払のように、銀行口座に預けられた預金に対する移転の指示によって、金銭的価値を移転させるようなサービスのことを指します。

こうした指示型のサービスにおいては、価値そのものが移転するような構成をとらず、どこかに置いてある価値に対する移転の指示だけをやり取りします。**金銭的価値そのものを移転さ**

せる媒体のことを決済手段と呼ぶのに対して、金銭的価値に対する移転の指示だけをやり取りする方法のことを決済方法と呼ぶことがあります。支払指示型電子マネーは、電子マネーという言葉を使ってはいますが、厳密にいえば決済方法に該当します。

このように、決済手段と決済方法とは区別して理解するべきですが、その境界が曖昧になってきているのも事実です。こうした傾向が顕著に表れるのが、モバイル端末を使った決済サービスです。特定の企業がモバイル端末を使った決済サービスを提供する場合に、金銭的価値はどこに置かれているのでしょうか。

このとき、金銭的価値は銀行口座に置かれた預金であって、これに対する移転の指示をモバイル端末から実行したのみであれば、支払指示型電子マネーの典型ですから、決済方法にあたります。これとは対照的に、金銭的価値をいったんモバイル端末にダウンロードして、利用者の手元に価値が移ったことにすれば、これは決済手段を手に入れたことになります。端末電子マネーをスマートフォン上で扱う場合には、このような構成が可能です。

しかしながら、実際のサービスを見てみると、どちらの構成であるのか曖昧な場面も少なくありません。たとえば、銀行口座に置かれた預金という金銭的価値を、サービス運営者の提供する何らかのアカウントに移動させたとします。利用者は、ここに置かれた金銭的価値に対して、支払指示を送って移動させることができます。これは、決済方法のように見えます。

このとき、サービス運営者の提供するアカウントから、いったん利用者のモバイル端末上に金銭的価値が移動してから、さらに支払先の店舗などに移転したと構成することもできます。この場合には、決済手段であるようにみえます。実際のところ、決済方法として構成するか、決済手段として構成するのかは、設計の上では大きな差がないこともあります。

これまで日本に存在したサービスは、端末電子マネーとしての構成、支払指示型電子マネーとしての構成、あるいは、これらには該当しない送金サービスとしての構成など、いずれも既存の何らかの概念にあてはめて設計されてきました。法律上の性格も、どれかに収まるものであったといえます。

しかしながら、海外でよく利用されているモバイル決済サービスの中には、日本の法律の概念では説明のつかないものがあるかもしれません。こうした定義外のサービスを法的に説明するのは容易ではないでしょう。そのような場面では、電子マネーと仮想通貨の分類を概観する図に立ち戻って、相対的な位置付けを探りながら定義を追加していくのが近道であろうと思われます。そのような理由から、この章で議論の土台とした分類図は、これから大きな改訂を行う必要があると考えています。

注

（1）第2章で引用した「分類図」について。

本章で示した仮想通貨と電子マネーなどの分類図は、下記の図書の第Ⅰ部第1章で提案した「図1-3：仮想通貨と電子マネーの分類」に加筆したものです。

岡田仁志、高橋郁夫、山﨑重一郎［2015］『仮想通貨――技術・法律・制度』第Ⅰ部第1章「仮想通貨の3つの要素――『決済手段』『転々流通性』『国家の裏付けの不在』」（東洋経済新報社）。

（2）第2章第2節で言及した「デジタル通貨」の概念について。

中央銀行が法定通貨としての「デジタル通貨」を発行することの意義については、下記の論文で論じられています。

小林亜紀子、河田雄次、渡邉明彦、小早川周司［2016］「中央銀行発行デジタル通貨について――海外における議論と実証実験」『日銀レビュー』2016-J-19（日本銀行）。

（3）第2章第3節で言及した「電子マネー」について。

日本における電子マネーの登場から浸透までの過程については、下記の図書で論じました。

岡田仁志［2008］『電子マネーがわかる』（日経文庫）。

Bitcoin&Blockchain

第3章

仮想通貨の分裂

本章では、仮想通貨のブロックチェーンが分裂・分岐する様子を観察します。ブロックチェーンが分岐するという現象は、分散型のシステムでは通常のことです。分散型であることを尊重する人たちにとっては、許容できるコストです。

仮想通貨が分裂するという現象は、信頼性を大きく揺るがします。分散型システムのコミュニティーは、民主的な仕組みと集権的な仕組みの間で常に揺れています。

ビットコインを発明したサトシ・ナカモトは姿を消しました。跡を継いでビットコインの実装を完成させたのは、ボランティアで参加したコア開発者たちでした。直接民主制のように意見を反映しながら開発がすすめられました。

ビットコインのコミュニティーが成長すると、コア開発者の中でも中心的な役割を果たす人物の意見が強くなります。民主的なルールは維持されましたが、少数の意見が届きにくいと感じた人もいます。その中には、大きな計算量を保有するマイナーが含まれました。彼らは、自分たちの声を届ける方法を探すようになります。

意見の対立は、やがて分裂の危機となって表面化します。対立を収めるために陰で活躍したのは、ボランティアでネットワークを支えるノードの人たちでした。彼らの行動が、コミュニティーの分裂を瀬戸際で食い止めたのです。

第1節

ブロックチェーンの分岐

❶枝分かれの発生

ビットコインのような分散型仮想通貨では、世界に散らばるノードが取引データを伝搬します。ここに、大連のノードと、ブエノスアイレスのノードがあって、いずれも採掘を行うマイナーであったとします。彼らは、世界中のマイナーと競争しています。ルールによれば、最初にブロックを作成した1名が報酬のコインベースを得ます。

ごくまれに、同時に2名がブロックの作成に成功することがあります。**いま、大連とブエノスアイレスのノードが、同時に正解を発見したと仮定しましょう。このままでは歴史が二重になってしまいます。**

こうした現象は、中央集権型システムでは考慮しなくてよいことです。世界で発生した出来事を中央の1か所で記録する方式であれば、それが唯一の歴史です。ところが、分散型システムでは歴史の二重化が発生します。

図表3-1　同時に正解を発見したときは長く伸びたほうが勝利

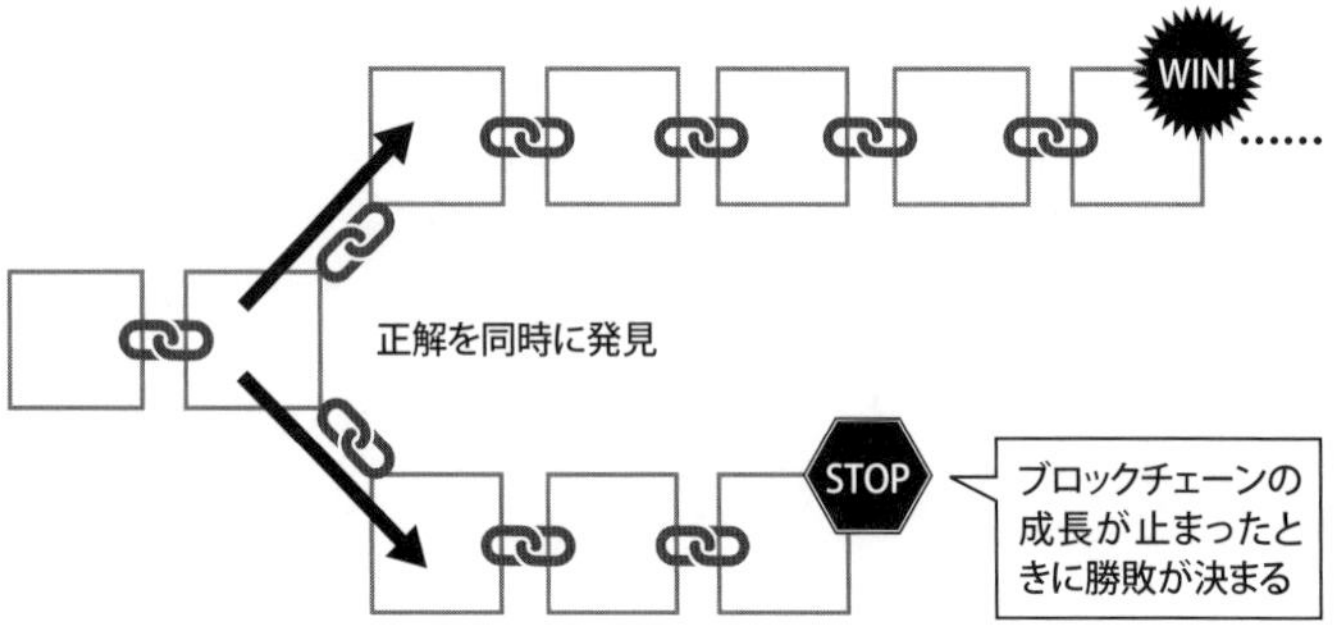

（出所）　各種資料より著者作成。

さて、大連とブエノスアイレスのマイナーが作成したブロックを比べると、それぞれに含まれる取引データは異なっています。中心を持たないP2Pネットワークでは、ノードからノードへのバケツリレーによって取引データが流れていきます。ある取引データがどこかのノードに到着する時刻は、ノードの設置された場所によって前後します。そのため、大連とブエノスアイレスのノードでは、同じ時刻までに入手する取引データのセットが異なります。

それでは、大連のノードとブエノスアイレスのノードが同時に作成した2つのブロックは、どちらが正統なのでしょうか。この時点では、まだ勝敗がつきません。次にブロックを作成するマイナーは、大連のブロックまたはブエノスアイレスのブロックのいずれかに、自分の作ったブロックを接続します。

例えば、大連のブロックにつなげたとしましょう。およそ10分後に、別のマイナーが採掘したブロックが、ブエノスアイレスのブロックにつなげられました。**こうして、大連に連なるチェーンと、ブエノスアイレスに連なるチェーンがそれぞれ伸びていきます。このような現象をブロックチェーンの分岐と呼びます。**

ブロックチェーンの分岐が起こったとき、勝敗を決するルールはシンプルです。ブロックチェーンが長く伸びたほうが勝利するという決まりです。新たにブロックを採掘したマイナーは、長く続きそうなブロックチェーンを選んで自分のブロックをつなげます。どちらが長く続くかを判断する術はありません。**一方のブロックチェーンが成長を続け、もう一方のブロックチェーンの成長が止まったときに、勝敗が決定します。**

ここでは、大連のブロックチェーンが長く伸びて、ブエノスアイレスのブロックチェーンは伸びが止まったと仮定しましょう。このとき、ブエノスアイレスで採掘されたブロックと、それ以降につなげられたブロックのチェーンは、二重の歴史の敗者として抹消されます。勝者である大連で採掘されたブロックと、それに連なるブロックチェーンが正統と見なされます。

このとき、ブエノスアイレスのブロックチェーンに含まれていた取引で、大連のブロックチェーンに含まれていないものがあった場合には、大連のブロックチェーンに巻き取られます。

したがって、どちらのブロックチェーンに取り込まれても、取引データが行方不明になるわけではありません。

ここで影響を受けるのは、二重の歴史の敗者となったブエノスアイレスのノードです。大連のノードと同時に採掘されたブロックは、歴史の勝利者となったブロックチェーンに巻き取られて、存在しなかったことになります。そうなれば、せっかく採掘に成功しても、報酬としてのコインベースは得られません。抹消されたブロックに連なっていたブロックも存在しなかったことになりますから、ブエノスアイレスのノードが採掘したブロックに連なるブロックの採掘者は、いずれもコインベースを失います。

このようなルールになっていることは、マイナーにとっては採掘の報酬を失うリスクとなりますが、分散型のシステムを維持していく上では意味のあることです。なぜなら、これから自分がつなげようとするブロックチェーンの最後尾が分岐している状況において、どちらが正統なブロックチェーンとして残るかを、慎重に判断するからです。このとき、ブロックに何らかの誤りがあれば、そのブロックを含むチェーンが残ることはありませんから、データの正しさを検証することになります。

分散型のシステムでは、ボランティアで参加するノードや、報酬を目的としてノードを建てるマイナーが、取引のデータやブロックのデータが正しいことを検証します。ブロックチェーンの分岐という不測の事態が起こった場合には、とりわけ慎重にマイナーがブロックの正しさを検証することが期待されます。中心を持たないシステムにおいて、世界に散らばるノードに検証のインセンティブを与える方法として、長く伸びたブロックチェーンを正統と見なすというルールは、安全装置としてうまく作動しているといえます。

第2節

仮想通貨の分裂

分散型仮想通貨においては、平常運転をしていても分岐が起こることがわかりました。そして、分岐が起こってもやがて一本のブロックチェーンに統合されるため、二重の歴史が起こらないルールになっています。分岐と似たような現象に、分裂という現象があります。では、分散型仮想通貨が分裂するというのは、どういう事態のことを指すのでしょうか。

分散型仮想通貨の分裂が起きるのは、プロトコルの変更をめぐって意見が対立し、2つのプロトコルが別々の仮想通貨に分かれたときです。**プロトコルというのは、プログラムで書かれた決まり事のことで、仮想通貨のあらゆるルールを決めるものです。**仮想通貨においては、コード・イズ・ローという言葉がよくあてはまります。これは、ローレンス・レッシグがかつて唱えた概念ですが、仮想通貨はプロトコルがすべてを規律しますから、まさしくコード・イズ・ローの空間です。プロトコルで書かれた決まり事が、すなわちコミュニティーを規律する法として機能します。

あらゆるソフトウェアと同じように、仮想通貨のプロトコルも絶え間なく改良を続けていきます。まったくエラーのないシステムであっても、周辺環境の変化に応じてソフトウェアを更新していく必要があります。どのようなソフトウェアにも、必ず改良が必要とされます。ところが、中心となる組織が存在しないビットコインのような仮想通貨では、ソフトウェアの改良を行うことは容易ではありません。時として、技術的に優れた提案が、他の技術者に受け入れられないことも起こります。**このような事態になると、意見の対立からプロトコルが2つに分かれるリスクが生じます。**最悪の場合には、仮想通貨が2つに分裂します。

ここでは、ビットコインをめぐるプロトコルの対立について、実際に起こったことを振り返ります。その前に、ブロックチェーンのルール変更には2つの方法があることを確認しておきましょう。それらは、後方互換性のあるソフトフォークと、後方互換性のないハードフォークです。これらについて、詳しくみてみましょう。

❶ソフトフォーク

例えば、ブロックチェーンにおけるブロックのサイズを変更しようとする提案が出されたとします。ビットコインのプロトコルによれば、ブロックのサイズは1メガバイト以内と決められていました。これを、従来よりも制限を厳しくして、0・5メガバイト以内とする提案が出

図表3-2　ソフトフォーク：後方互換性のある仕様変更

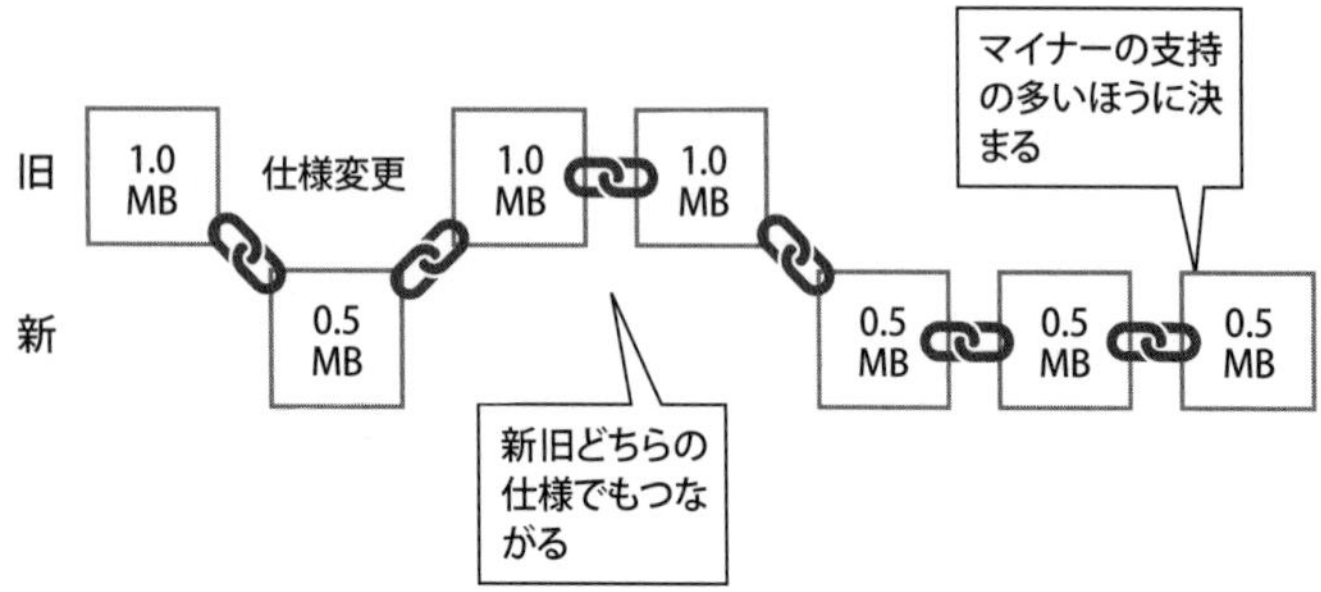

（出所）　各種資料より著者作成。

されたとします。このようなプロトコルの変更は、従来よりもルールを厳しくするものです。

新しいプロトコルがアナウンスされました。これから、ブロックのサイズは0・5メガバイトで作成することになります。しかし、分散型のシステムにおいては、すべての参加者がプロトコルの変更を承知しているとは限りません。変更があったことを知らずに、1メガバイトのブロックを作成するマイナーも存在するでしょう。すると、マイナーによっては0・5メガバイトのブロックを採掘し、マイナーによっては1メガバイトのブロックを採掘することになり、2つのプロトコルが混在する状況が発生します。

このとき、古いプロトコルしか知らないノードが、新しいプロトコルで採掘された0・5メガバイトのブロックを受け取ったとします。古いプロトコルでは、1メガバイト以内のブロックであれば、受け取ることができます。すると、古いプロトコルしか知らないノードも、新しいプロトコルで採掘されたブロックを受け取ることができます。

このように、古いプロトコルだけを知るノードが、新しいプロトコルを知らなくても混乱が生じない状態のことを、後方互換性があると表現します。そして、後方互換性のあるプロトコルの変更のことを、ソフトフォークと呼びます。

ソフトフォークは、新ルールをアナウンスしている状態です。新ルールを了知したマイナーが95パーセント（一定の期間に採掘された2016ブロック中の1915ブロックが新ルールに準拠）に達したときに、新ルールへの移行が決定されます。新ルールがアクティベートされた後に、新ルールに則って作成されたブロックは、旧ノードからみても有効だとみなされますので、とくに混乱は生じません。

ソフトフォークでは、仮想通貨の分裂が発生しないため、比較的に安全なプロトコルの変更方法だとされています。これまで、ビットコインのプロトコル変更は原則として、ソフトフォークによって実行されてきました。

❷ハードフォーク

ソフトフォークの反対の概念が、ハードフォークです。ハードフォークとは、後方互換性のないプロトコル変更のことを指します。例えば、ビットコインのブロックのサイズが1メガバイト以内というルールを、2メガバイト以内に変更したと仮定します。このようなプロトコルの変更は、従来よりもルールを緩和するものです。

新しいプロトコルがアナウンスされたとしましょう。これから、ブロックのサイズは2メガバイト以内で作成することになります。ここでも、分散型のシステムにおいては、すべての参加者がプロトコルの変更を承知しているとは限りません。変更があったことを知らずに、1メガバイトのブロックを作成するマイナーも存在するでしょう。すると、マイナーによっては2メガバイトのブロックを採掘し、マイナーによっては1メガバイトのブロックを採掘することになり、2つのプロトコルが混在する状況が発生します。

このとき、古いプロトコルしか知らないノードが、新しいプロトコルで採掘された2メガバイトのブロックを受け取ったとします。古いプロトコルでは、1メガバイト以内のブロックでなければ、受け取ることはできません。ところが、いま流れてきたブロックは2メガバイトですから、ルール違反に見えます。このように、古いプロトコルしか知らないノードは、新しいプロトコルで採掘されたブロックを受け取ることができません。

こうした事態が起きると、新しいプロトコルで採掘されたブロックが、古いプロトコルしか知らないノードに拒否されて、行方不明になるリスクがあります。**こうしたプロトコルの変更**

図表3-3　ハードフォーク：後方互換性のない仕様変更

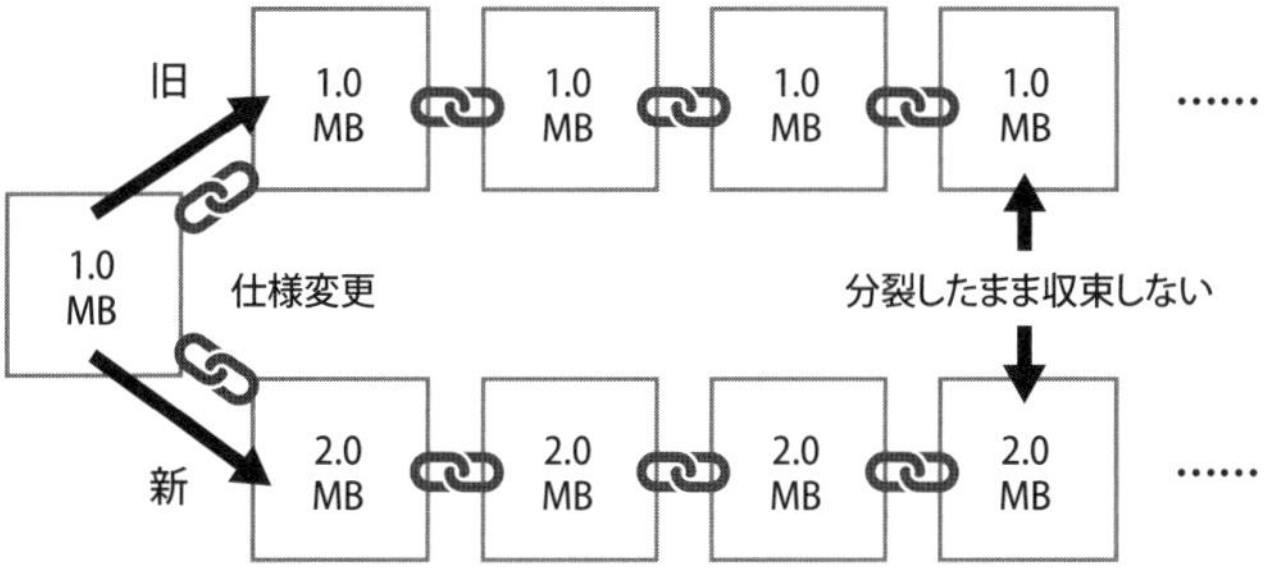

（出所）　各種資料より著者作成。

は、古いプロトコルでは容認されない内容であることから、後方互換性のない変更であると表現します。

そして、後方互換性のないプロトコルの変更のことを、ハードフォークと呼びます。

ハードフォークでは、仮想通貨の分裂が発生する可能性が高まります。ハードフォークを実行しても、ノードの大半が新しいプロトコルを支持していれば、コミュニティーが分裂することは避けられます。しかし、2つのプロトコルを支持するノードやマイナーが対立しているような場合には、コミュニティーが2つに分裂します。仮想通貨のコミュニティーが分裂するということは、2つの異なる仮想通貨が独立して存在することを意味します。こうした事態を招かないために、ハードフォークによるプロトコルの変更は、なるべく避けるほうがよいとされています。

第3節

ビットコインのプロトコル変更

さて、ブロックチェーンのプロトコル変更には、ソフトフォークとハードフォークの2つの方法があることを確認しました。このことを前提として、ビットコインのプロトコルをめぐる意見の対立について、詳しく見ていきます。

❶基盤の目のようなノード

ここで、ビットコインというシステムにおける、ノードの役割について再確認しておきましょう。分散型仮想通貨では、1台のコンピューターが取引を記録するのではなく、世界中に分散した無数のコンピューターが取引を記録しています。ビットコインの送金記録はブロックと呼ばれる特殊な形をしています。ブロックの連鎖であるブロックチェーンをどこか1か所に置くのではなく、世界中の約1万1000台のコンピューターが最新のブロックチェーンをコピーして共有しています。

ブロックチェーンを記録するコンピューターは、世界中の誰でも自由に設置することができます。こうしたコンピューターのことをノード（結節点）と呼んでいます。**ノードの役割はブロックチェーンを預かることだけではなく、最新の取引のデータをネットワーク上で伝搬する役割も果たします。また、取引データの正しさを検証するという役割も担っており、ブロックチェーンを維持するためにノードは欠かせない存在です。**

現在のところ、ビットコインのノードは世界中に1万1000個程度しか存在しません。これに対して、ビットコインのウォレットを持っているユーザーが世界にどれぐらい存在するのかわかりませんが、数に制限がないので、数万人、数十万人が参加しているかもしれません。これらも、ビットコインのネットワークにつながる結節点として、軽量ノードを提供していることがあります。ノードがビットコインのシステムを維持するためのあらゆる作業を行うのに対して、軽量ノードがそのような役割を担うことはありません。ノードが養分を運ぶ幹枝であるとすれば、軽量ノードは養分を受け取る葉のような存在です。

ビットコインのネットワークには中心がなく、碁盤の目のように網の目が無限に広がるメッシュ状になっています。碁盤の上に、碁石のように整然と置かれているのがノード（結節点）です。一個一個のノードには最大で8本の手があって、近くにあるノードと手をつないでいます。近くのノードから取引データを受け取ると、手をつないでいる仲間のノードにデータを手渡します。こうしたバケツリレーを繰り返すことによって、世界の隅々まで最新の取引データが伝搬されていきます。

では、ブロックは誰が書いているのでしょうか。ビットコインのブロックは、マイナー（採掘者）と呼ばれる人たちによって作られています。ビットコインのネットワーク上には、毎秒数件またはそれ以上の送金記録が流れてきます。これをかき集めて、ブロックと呼ばれる特殊な形式に固める作業のことをマイニングと呼んでいます。

❷採掘工場の世界地図

英国ケンブリッジ大学のケンブリッジ・センター・フォー・オルタナティブ・ファイナンス（ＣＣＡＦ）は、世界の仮想通貨の統計を集めた白書を発表しています。ビットコインの採掘工場の分布を記した世界地図を見ると、中国北部の黒竜江省、内モンゴル自治区、新疆ウイグル自治区といったロシアやモンゴルと国境を接する地域に採掘工場が集中していることが見て取れます。四川省、貴州省、雲南省などにも採掘工場が点在しており、中華人民共和国内に多くの採掘工場が分布していることがわかります。

ビットコインの採掘は大量の電力を消費する消耗戦です。実は、スーパーコンピューターはマイニングの計算は苦手で、むしろ画像処理に使われるＩＣチップが得意としています。初期

図表3-4　中国のビットコイン採掘工場の分布

（出所）　Garrick Hileman and Michel Rauchs（2017）*2017 Global Cryptocurrency Benchmarking Study*, Figure88.

の採掘では、グラフィックのチップを何個も搭載したマシンを作成して、採掘競争に挑むギークの人たちが参戦していました。

いまや採掘はプロの仕事です。ビットコインのマイニングに特化した専用のＩＣチップが開発され、マイニング専用のマシンが開発されています。こうした専用機を大量に設置したのがマイニング工場です。中国東北部には大規模な採掘工場が建設されており、豊富な電力と冷涼な気候に恵まれて採掘業界のトップを独走しています。

採掘マシンは熱を発生させるので、比較的に緯度の高い地域に採掘工場が分布する傾向があります。水力発電などエネルギー資源の豊富なカナダや、地熱発電に取り組むアイスランドなどは、電力と冷涼な気候という二大条件をみたす採掘工場の候補地として注目されています。現状では、中国東北部や中国西域に採掘工場が集中しており、地政学的なバランスとしては不均衡な状況にあります。

❸ブロックサイズの論争

ビットコインには中心がなく、果てしなく広がる碁盤の目のようなネットワークと、世界のどこかでひたすら採掘の作業を続けるマイナーによって動かされています。そのビットコインに分裂が取り沙汰されました。ビットコインには中のヒトが存在しないはずなのに、なぜ意見が分裂するのでしょうか。

２０１７年7月時点の正統ビットコインは、取引を記録する大福帳にあたるブロックの大きさに制限がありました。ブロックのサイズは１メガバイト以内と決められているのです。これが制約となって、１秒間あたり7取引程度しか記録を完了できませんでした。ところが、ビットコインが高速度の投機的取引の対象とされるようになってから多頻度の売買が増加し、１メガバイトでは収まらなくなってきました。

そこで、ブロックのサイズを引き上げようとするビッグブロック派のグループと、ビットコインのサイズは1メガバイトで安易に変更すべきではないとするグループとに意見が分かれる

ようになりました。意見が分かれるときにはさまざまな立場が登場するので、実際にはより多くのグループに分かれるのですが、ここでは代表的な2派に注目することにしましょう。

ビッグブロック派を支持するのは中国の大手マイニング業者を中心とする人々でした。彼らはビットコインのブロックサイズを引き上げることで、将来的にはクレジットカードの決済ネットワークに匹敵するような速度を実現すべきだと考えているようです。クレジットカードの国際ブランドと同等の速度となれば、1秒間に数千件を処理する能力が必要とされます。

彼らと主張が対立しているのが、ビットコインの作者であるサトシ・ナカモトから役目を受け継いだとされる技術者集団です。**彼らはコア開発者と呼ばれ、十数名のエンジニアが中心となって、100名から200名程度のエンジニアたちが参加しています。**こうした人々がビットコインのプロトコルについて、ボランティアで研究開発を行っています。ビットコインの安定性を重んじる彼らの間では、ブロックサイズの拡張に慎重な意見が支配的とみられています。

ここで1つ付け加えておくと、サトシ・ナカモトという人物が実在するかどうかはわかっておらず、個人のハンドルネームであるのか技術者集団のニックネームであるのかもわかっていません。謎の人物が開発したビットコインのメンテナンスを引き継いだのが、コア開発者の人々です。サトシ・ナカモトの存在は謎に包まれていますが、コア開発者たちは実在する職人集団です。

❹NY合意

コア開発者の一人が提案したのは、取引データの一部をブロックの外に分離し、1メガバイトのブロックに格納できる取引の件数を増やすという技巧的手法でした。この技巧は「セグウィット」と名付けられました。これなら、1メガバイトのサイズには変更を加えずに、処理能力を理論上は1・6倍程度まで高められます。このプロトコル変更はソフトフォークに該当しますから、ビットコインが分裂するリスクを抑えることができます。ところが、ビッグブロック派はこれに納得せず、意見の対立が続きました。

そこで開催されたのがニューヨーク会談でした。中国の主要なマイニング業者や各国の取引所の関係者と、コア開発者に近い人々がニューヨークに集まり、ビットコインの将来について意見を交わしました。彼らはついに意見が一致し、NY合意として公表されました。**それによると、第一段階としてコア開発者の主張する「セグウィット」を実行して、第二段階としてブロックを1メガバイトから2メガバイトに拡張するという合意が交わされました。**

中心を持たない分散型仮想通貨の宿命として、すべての利害関係者の意見を集約することは容易ではありません。NY合意に参加した取引所の関係者は、数ある取引所の中の一部に過ぎません。マイナーは世界に点在していますが、参加したマイナーはごく少数でした。また、コア開発者に近い人たちが参加していますが、コア開発者としての意見を述べたわけではありません。もともと、コア開発者というのはボランティア集団をリードする役割ですから、コア開発者という法人格が存在するわけではなく、ゆえにコア開発者の意思というものが一意に決まるわけではありません。

このとき、合意よりも困難だったのは合意の履行でした。明確な組織体を持たないビットコインでは、コア開発者が新しい技術仕様をリリースしたときに、これが世界中に伝わったことを確認する術がありません。**そこで編み出された方法が、新しくブロックの採掘に成功したマイナーは、自らの採掘したブロックにフラグ（旗）を立てて、新しい技術仕様を了知したことをアピールするというルールです。**

いわば、中央で狼煙《のろし》をあげて、これを見た地方の採掘者が狼煙をあげて返すような仕組みです。ビットコインの世界は、最新の技術を応用していながらも、組織体の運営方法は牧歌的でした。これまでは、それでうまく動いていたのです。ところが、今回の技巧的手法であるセグウィットに対する反応は違っていました。マイナーたちの一部が、採掘したブロックにフラグを立てることを拒否したのです。

マイナーが納得する提案に対してはフラグを立て、賛成できない提案に対してはフラグを立てないという行動がとられたのです。これは狼煙ではなく、もはや投票です。期せずして投票箱を手に入れたマイナーたちは、フラグを立てないことによってセグウィット方式に抵抗するというサボタージュの手段を手に入れました。狼煙のルールを作ったコア開発者の側としては、手をこまねいて見守るしかありませんでした。想定しない事態だったのです。

フラグを立てるというルールは、新しいプロトコルが実装されたことに気が付いていないマイナーが不利益を受けることがないように、コア開発者が提供した手段でした。ところが、マイナーにとっては意見表明の手段として働いたわけです。確かに、コア開発者が中心となってプロトコルを決めていくという仕組みは、一見すると民主的な方法ではありますが、少数の意見が反映されにくいという問題を抱えていました。マイナーは地理的に偏在していますから、ある意味では少数派の意見ですが、無視できない力を持っていました。コア開発者とマイナーの意見が分裂するという事態は、起こるべくして起こったのです。

❺碁石たちの反乱

ここで意外な人たちが決起しました。碁盤の目のようなネットワークを構成するノード（結節点）を提供する人々です。コア開発者とマイナーの対立が膠着している状況に業を煮やした彼らは、次のように宣言しました。**2017年8月1日以降、セグウィットの手法を了知したフラグをあげていないブロックは、ノードからノードへの運搬を拒否すると。**これは、碁石たちの反乱でした。

ビットコインのネットワークは、ボランティアでデータを運搬してくれるノードたちの協力がなければ成り立ちません。もしも碁石たちが分裂して、方式Aのデータしか運ばない白の碁石と、方式Bのデータしか運ばない黒の碁石に分裂するような事態が起これば、ビットコインは2つに分裂してしまうでしょう。そうなれば仮想通貨に対する市場からの信認は失われかねません。

碁石たちから最後通牒をつきつけられたマイナーたちはセグウィット方式を承認するようになり、新しく採掘したブロックにフラグを立て始めました。こうして1年以上にわたって続いた対立は、わずか数日にして収束に向かいました。**セグウィット方式はコミュニティーから正式に承認されたのです。こうして、ビットコインは8月の分裂を免れました。**

これで騒動が収まったわけではありません。NY合意では、第一段階ではセグウィット方式を取り入れること、第二段階ではブロックのサイズを2メガバイトに拡張することが約束されていました。この合意に従うならば、ビットコインのブロックを2メガバイトに拡張するときがやってきます。その時期は、特定の日時で決まっているのではなく、ブロック高と呼ばれる何番目のブロックかを示す番号で決められていました。

ビットコインのブロックチェーンがこのブロック高に達するのは11月中旬の見込みでした。このプロトコル変更はハードフォークに該当しますから、コミュニティーが分裂する可能性が高まります。しかし、2メガバイトへの拡張を主張していたグループは、期限の直前になって提案を取り下げました。その理由は、コミュニティーで十分な合意が形成されていないというものでした。こうしてブロックサイズの2メガバイトへの移行は見送られ、セグウィット方式の実装だけが実現している状況にあります。

❻分裂という新規発行

このように説明すると、ビットコインは2017年8月に分裂したではないかと指摘を受けるかもしれません。確かにその通りです。ただ、これは分裂という用語の定義の問題なのですが、8月以降に起こったことは狭義の分裂ではありません。**むしろ、分裂の技法を応用した新規コインの発行といったほうが妥当でしょう。この時期を境にして、ビットコインの派生としての新規コインの発行が相次いでいます。**これらのいくつかは、ビットコインの分裂の手法を応用しています。

狭義の分裂といった場合には、ビットコインの仕様変更で意見が対立し、2つの技術仕様が袂を分かって、2種類の仮想通貨に永続的に分かれることを指します。これに対して、分裂の技法を応用した新規コインの発行では、少し状況が異なります。もともとビットコインはフリーソフトですから、プロトコルをコピーするのは自由です。ハッシュ関数を変更するなど、要素技術を改変して新しいコインをスタートさせることもできます。

こうして登場するのがビットコインをベースとしたアルトコインです。このタイプのアルトコインは、本家ビットコインとの違いを打ち出せず、たいていは埋没すると考えられていました。ところが、ビットコインの分裂の技法を応用すると、状況は一変します。

ビットコインのお財布ソフト（ウォレット）の残高に応じて、同額もしくは一定額の新規コインを配布するという手法が成立するのです。これは、いわば無償配布による新製品のお披露目です。これだけなら単なる新装セールです。しかし、ビットコインの分裂の技法を応用していることから、特有のリスクも存在しています。**新規発行のアルトコインは、いわばビットコインの完全コピーですから、旧来のビットコインとの混同が生じて、双方に誤作動が生じるおそれがあるのです。**紳士協定によれば、こうした場合には後から登場したコインが識別符号を入れるものですが、すべてのコインがこうした紳士協定を守るとは限りません。

こうしたビットコインをベースとした仮想通貨を受け入れる市場側としては、技術的に問題なく設計されていて、既存の仮想通貨の動作に影響を及ぼさないことを確認してから取り扱う必要があります。また、特定の発行主体が存在している場合には、国際的なアンチ・マネー・ロンダリングの活動の精神に照らして、疑義のないことを確認することが求められます。こうしたシグナルを発することができるのは、仮想通貨の業界団体などの専門家集団です。ビットコインをベースとした仮想通貨が登場した際に、個々の取引所は自らの判断をステートメントとして公開します。ここにおいて、取引所のブロックチェーン技術に対する理解の深さや、仮想通貨の取り扱いに対する企業としての姿勢が浮き彫りにされます。

❼仮想通貨の覇権争い

ビットコインの分裂の技法を応用してアルトコインを発行するという手法は、これまでにも技術的には可能でしたが、大規模に行われることはありませんでした。それが脚光を浴びるようになったのは最近のことです。ビットコインの市場規模が一定のレベルを維持している場合には、これは仮想通貨発行の有力な手段の1つだといえます。

それだけでなく、ビットコインの市場を覆す手段としても機能する可能性があります。例えば、ビットコインをベースとした新しい仮想通貨を、特定の主体が発行したと仮定します。**これは、分散型仮想通貨の技術を利用しながら、中央型仮想通貨を発行することを意味します。構造的にはビットコインとよく似ていますが、プロトコルの設定や変更を行う主体が存在しています。**特定の運営者の意思によって、発行量や技術仕様などを自由に決めることができるわけです。

新しく発行された仮想通貨と、旧来のビットコインが類似の仕様である場合には、マイナーは自己が保有する計算資源を有利な側に配分します。それは、マーケットでの評価と採掘の難易度の兼ね合いで決定されるでしょう。仮に、新しく発行された仮想通貨の運営主体が強大であれば、相対的にみて有利に働きます。こうした主体は、時として国家規模の組織かもしれないのです。

中心となる組織体が存在しないビットコインは、そのルール形成や執行の方法などガバナンスの見直しを迫られています。こうした中で、いくつかの国では、中央銀行が発行するデジタル通貨について研究していることを公表しています。これは、発行主体を持たず、国家の裏付けを持たない分散型仮想通貨の対極に位置するものです。**究極のシナリオは、ビットコインをベースとしたアルトコインを、特定国の中央銀行が発行するというストーリーです。**こうした事態は考えにくいことですが、シナリオとしては考えておくべきものです。

分散型仮想通貨の代表であるビットコインと、中央銀行が発行するデジタル通貨には、おそらく一つの共通点が見出されます。それは、人から人への転々流通性です。あたかも現金のように天下を回っているビットコインは、デジタル通貨との競争にさらされます。古代の日本では私鋳銭と皇朝銭が競争した時期がありました。その再来を目撃する日も遠くはないのかもしれません。

注

（１）第３章第２節の「フォーク」に関する議論について。

本節における議論は、次の資料を参考にしました。原典の資料は、スライドシェアのページにアップされています。

安土茂亨［２０１７］『ブロックチェーンのコンセンサス形成』（福岡ブロックチェーンエコノミー勉強会（Vol.02）、株式会社ハウインターナショナル）。

https://www.slideshare.net/hawinternational

本文では、ブロックサイズを１ＭＢ↓０・５ＭＢに変更するようなソフトフォークを例にとって説明しました。このようなタイプのソフトフォークであれば、95％のマイナーが新ルールを了知する前の段階で、マイナーが０・５ＭＢのブロックを作成しても問題はありません。ただし、第３節で紹介したセグウィットのようなソフトフォークの場合には、新ルールが了知される前に新ルールに則ったブロックを作成するのは安全とはいえません。詳しい理由は省略しますが、新ルールのセグウィット方式を使ったトランザクションは、新ルールが了知されるまでの間は、新旧どちらのノードでも受け取ることができるように、誰でも使用できる特殊な形式をとっているからです。このため、マイナーが新ルールに則ったブロックを作成するのは、新ルールがアクティベートされた後になるのが一般的です。

（2）第3章第3節2項の「世界地図」について。

本項で紹介した採掘の世界地図に関する記述は、次の資料を参考としました。

Garrick Hileman and Michel Rauchs［2017］*2017 Global Cryptocurrency Benchmarking Study*, Cambridge Centre for Alternative Finance, Figure 88: Global Cryptocurrency Mining Map.

（3）第3章第3節で言及した「セグウィット」の技術について。

ビットコインの技術的な仕組みから、セグウィットの実装によって可能となったライトニングネットワークの詳細についてご関心のある方には、次の図書をお勧めいたします。

山﨑重一郎、安土茂亨、田中俊太郎［２０１７］『ブロックチェーン・プログラミング――仮想通貨入門』ＫＳ情報科学専門書（講談社）。セグウィットについては、同書、Chapter 10「Segregated Witness」（安土茂亨）に詳しく書かれています。

（4）第3章第3節で言及した「ノード」の役割について。

正確にいうと、ノードにはフルノードとＳＰＶノードの2種類があります。こうしたノードの役割と種類について正確に知るためには、次の図書をご覧ください。

山﨑重一郎、安土茂亨、田中俊太郎［２０１７］『ブロックチェーン・プログラミング――仮想通貨入門』ＫＳ情報科学専門書（講談社）。

ノードについては、同書、Chapter 7「ノードとビットコイン・ネットワーク」（安土茂亨）

に詳しく書かれています。その冒頭の解説を引用します。「ビットコインのプロトコルに対応するノードは大きく分けて2つあります。1つはフルノードとよばれブロックチェーンの全取引データを保持するノードです。もう1つはSPV（Simplified Payment Verification）とよばれるノードで、ブロックとヘッダに関連するデータのみを保持する軽量ノードです」。

先に、第1章第1節の解説では、ノードを建てることにはインセンティブがないと説明しました。しかし、ブロックチェーン上を流れるトランザクションの内容を確実に知るためには、自力でノードを建てることが唯一の方法です。スマートフォンなどにはSPVノードが使われることが多いのですが、こうした軽量ノードでは自分に関連すると思われるトランザクションのデータしか得ることができません。このため、ブロックチェーンをビジネスに応用しようとする関係者は、必ず自前でノードを建てるわけです。

Bitcoin&Blockchain

第4章

ブロックチェーンエコノミーの時代へ

仮想通貨とブロックチェーンはどのような関係にあるのでしょうか。

ブロックチェーンという用語は、現時点では未定義語です。そのため、議論はどうしても発散しがちです。そもそものはじまりであったビットコインを軸に置いて、ブロックチェーンの分類を試みます。

これからはブロックチェーンの時代だと読む人もいます。インターネット上で経済活動が繰り広げられている時代に次ぐ、来るべき社会のことをブロックチェーンエコノミーと呼びます。

おそらくブロックチェーンの最適な応用分野というのは、不特定多数の人々がサービスの受容者だけではなく、サービスの提供者にもなるような領域でしょう。ブロックチェーンの真価が問われるのは、国境を越えて不特定多数の人々が参加し、お互いを信頼することなくコントラクトを行うような場面です。

そのとき、仮想通貨のブロックチェーンと、サービスを提供するブロックチェーンとは、不可分一体で構築されるかもしれません。

すなわち、仮想通貨もしくは何らかの決済サービスで覇権を握った国または組織が、サービスのレイヤーでも支配的な地位を得る可能性が高いのです。これは、次世代のプラットフォーマーは誰かという問題提起なのです。

第1節

ブロックチェーンの分類論

仮想通貨を定義することが容易ではないように、ブロックチェーンを定義することも困難な試みです。ここでは、定義に関する議論はひとまず置いて、ブロックチェーンの構造に着目して分類を試みることにしましょう。

ブロックチェーンを分類するときには、ブロックチェーンのネットワークを構成しているノードがどのように分布しているかに着目するとよいでしょう。**ノードが1つしか存在していなければ、プライベートチェーンです。これは、従来型の集中型のシステムとほぼ同じものですから、分散型システムであるとはいえません。**仮に、ブロックチェーン技術の一部をどこかに利用している場合であっても、ブロックチェーンの定義に含まないのが妥当でしょう。

ブロックチェーンを構成するノードが複数であるときには、ノードとして参加することを許可する主体が存在する場合と、ノードとして参加することに許可を必要としない場合とがあります。これらは、許可型と自由参加型に分類することができます。誰でも自由にノードとして参加できるビットコインは、自由参加型の典型例です。

もう1つの視点は、市場型と非市場型の対比です。**ブロックチェーンの維持のために市場が形成されていて、利潤を得ることをインセンティブとして参加者が得られるのが市場型です。**ビットコインのマイナーが採掘という作業を行うのは、報酬としてのコインベースを得るためです。これは市場型の典型例です。

これに対して、コインベースのような報酬の発生が設計されていないブロックチェーンには、市場が成立しません。企業間のコンソーシアムを組成し、参加する企業だけでブロックチェーンを構成するような場合には、インセンティブは必要ではありません。これが非市場型の典型例です。

本節では、ブロックチェーンを許可型と自由参加型の観点、および市場型と非市場型の観点から分類していくことにしましょう。

❶自由参加型パブリックチェーン

ビットコインのような分散型仮想通貨のブロックチェーンは、誰もがノードとして参加することのできる、自由参加型の仕組みです。そして、採掘を行うマイナーが報酬として得たコインベースを売買する市場が成立しています。

図表4-1　自由参加型パブリックチェーン

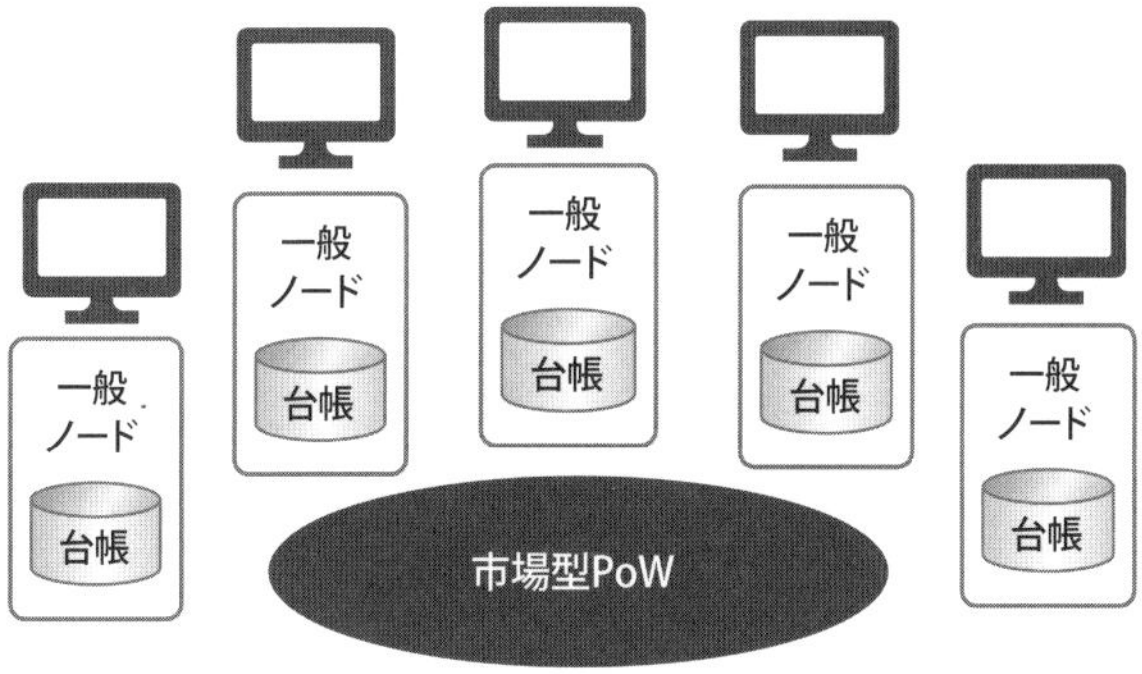

（出所）　各種資料より著者作成。

このようなブロックチェーンは、自由参加型であり、市場型です。この組み合わせのことを自由参加型パブリックチェーン、または、単にパブリックチェーンと呼ぶことにします。

その典型であるビットコインには、中心を持たないシステムであっても記録の正しさが担保されるように、採掘という作業が組み込まれています。無数のコンピューターが競争的に計算量を投入し、計算競争に勝利したマイナーは、作成したブロックをチェーンに追加する権限を得ます。大規模な計算量を保有するマイナーほど、勝利者になる確率は高くなります。これが、ビットコインの採掘という作業です。

世界中のマイナーが参加して計算競争を行うということは、大規模な計算量を投入した証拠が残ることを意味します。このことを、プルーフ・オ

ブ・ワーク（PoW）と呼びます。マイナーは報酬としてのコインベースを得ることを目的に参加しますから、そこに市場が成立していて価格が形成されることが必要です。これが市場型という要素です。

もう1つの要素は、自由参加型であることです。これは、ブロックチェーンを構成するノードとして参加するために、誰の許可も要しないことを指します。ビットコインのブロックチェーンを構成しているノードは、取引データを伝搬し、取引データとブロックが正しく記録されていることを検証する役割を担います。

ビットコインのノードとして参加するのは自由ですが、それによって何らかの利益が得られるわけではありません。ボランティアでブロックチェーンの一部となり、正しく動作するように伝搬と検証の作業を行います。許可を要するノードを許可ノードと呼ぶのに対して、自由に参加できるノードのことを一般ノードと呼びます。ビットコインは一般ノードだけで構成されています。

ブロックチェーンが一般ノードだけで構成されていると、どこかに権限が集中することはありません。一般ノードが権限を均等に分散していることによって、ブロックチェーンの健全性が保たれます。自由参加型であるという性質は、データの真正性を自律的に監査する機能を埋め込んでいるようなものです。それゆえ、一般ノードが参加する民主的な仕組みのことをパブリックチェーンと呼びます。

このように、ビットコインは市場での利潤最大化を行動原理とするマイナーと、パブリックな参加者として検証を行う一般ノードという、対照的な行動規範を持ったプレーヤーの協力によって支えられています。そのバランスがいったん崩れると、ビットコインのエコシステムはたちまち不安定になります。自由参加型パブリックチェーンの代表であるビットコインがバランスを保って9年あまりも動作しているというのは、現象として実に興味深いことです。

❷許可型パブリックチェーン

許可型のブロックチェーンというのは、取引を検証してブロックを生成する権限を有するノードが、認証局による許可を受けたノードと、単に実在性だけを認証された一般ノードとの混成によって成立している場合を指します。その構成をみると、許可＋自由参加型のパブリックチェーンと表記するほうが正確ですが、ここでは許可型パブリックチェーンと表記することにします。

ビットコインのような自由参加型パブリックチェーンには、インセンティブとしてのコインベースを流通させる市場が形成されます。同じように、許可型パブリックチェーンのコインベースにも市場が形成されます。

図表4-2　許可型パブリックチェーン

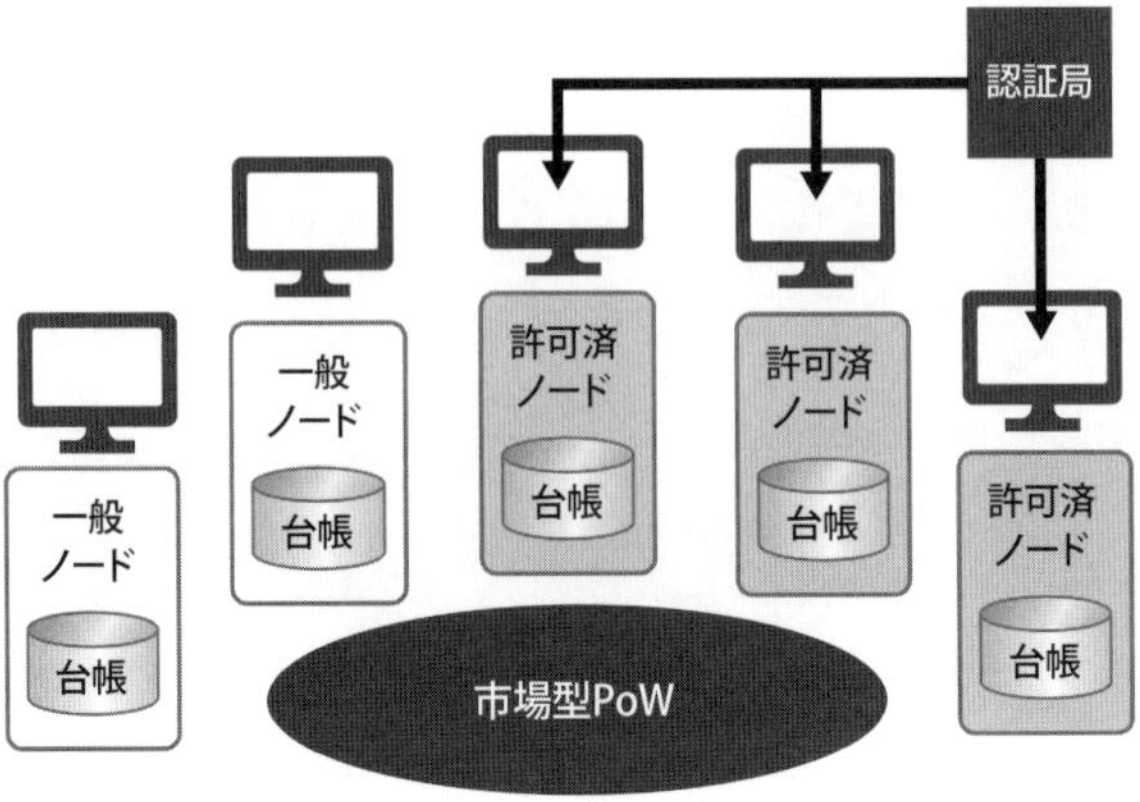

（出所）　各種資料より著者作成。

こうしたブロックチェーンは、許可型であり、市場型です。

許可型パブリックチェーンにおいては、許可済ノードと一般ノードが併存します。一般ノードの役割は、マイナーとして採掘のための計算量を投入し、ＰｏＷの発見に寄与することによって、ブロックチェーンの分散性と耐改ざん性を高めることです。また、採掘には参加しない一般ノードであっても、取引の正当性を検証し、ブロックチェーンに間違いがないことを検証するなど、真正性の担保に貢献することが期待されます。許可済ノードは、認証局を運営する主体によって特権ノードとして設置されており、アセットの発行などの法律行為を行うノードとして、特別な役割を果たします。これら2種類のノードが相まって動作して支えるのが、許可型パブリックチェーンの仕組みです。

ブロックチェーンの構成に関しては、許可済ノードだけで構成するほうが効率的であるとする見方と、不特定多数の一般ノードが参加することが不可欠であるとする見方とが存在します。

パブリックチェーンとプライベートチェーンのいずれが効率的かといった二者択一の議論が展開されることがありますが、許可型パブリックチェーンはこれらの中間型として位置付けられます。

❸許可型コンソーシアムチェーン

許可型パブリックチェーンでは、認証局を運営する主体から特別な権限を与えられた許可済ノードと、認証局から実在性の証明だけを受けた一般ノードが混在していました。

これに対して、許可型のコンソーシアムによってブロックチェーンを構成することも可能です。ここでコンソーシアムとは、ある目的のために組成された企業連合体などの、限定されたメンバーだけがノードとして参加することを指します。コンソーシアムがブロックチェーンを構成する場合には、認証局を運営する主体から認められた許可済ノードだけに参加者を限定します。

企業連合体がブロックチェーンのコンソーシアムを構成する場合には、参加企業は契約に基づいて権利関係の内容に合意しています。この場合、参加する企業群が競争的にマイニングを行うPoW法をとることは必然的ではありません。むしろ、合意に基づく省力的な方法をとるほうが賢明です。例えば、ブロックを検証する順序をあらかじめ決定しておき、当番制でブロックを検証していく方法などが合理的です。この検証方法のことを、ローテーション法と呼びます。

こうして構成されたブロックチェーンは、許可型であり、非市場型です。

許可型コンソーシアムチェーンにおいては、一般ノードが参加することはないため、ブロックを検証するインセンティブを準備する必要はありません。したがって、ブロックチェーンを維持するインセンティブとして仮想通貨を発生させることは必要条件ではありません。仮に、副産物として何らかの仮想通貨が発生する構成をとった場合であっても、市場を成立させることは必要条件ではありません。

このようにみると、許可型コンソーシアムチェーンは、不特定多数の参加者によって維持される自由参加型パブリックチェーンや、一定数の許可済ノードと多数の一般ノードによって維持される許可型パブリックチェーンなどと比べると、エネルギー効率に優れた手法であるようにも見えます。

確かに、マイニングの作業は大量の電力を消費するため、資源の無駄遣いとなることが大き

図表4-3　許可型コンソーシアムチェーン

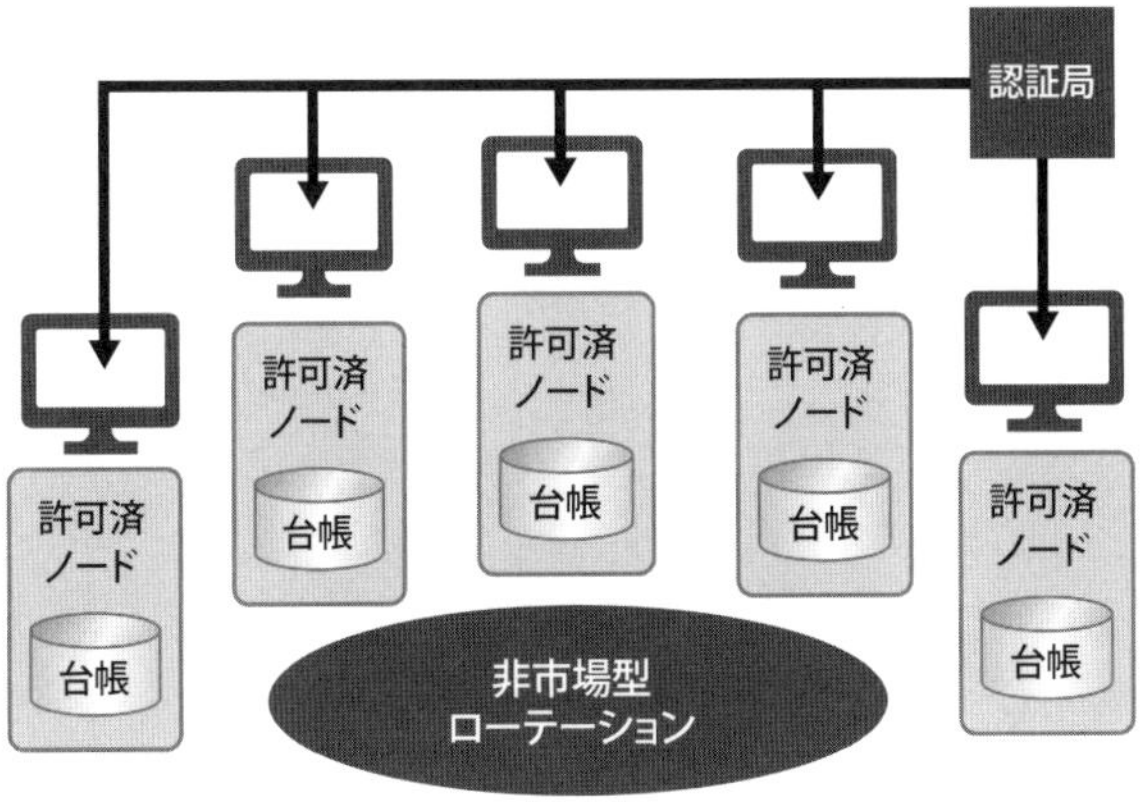

（出所）　各種資料より著者作成。

な問題になっています。このようなマイニングの作業は、パブリック性という分権的な構造を維持するためのコストですが、現状ではあまりにも資源消費の規模が大きくなっています。ビットコインのような国家の支配に属さない仮想通貨を維持するためには必要なコストであるとみるのか、地球上の資源を浪費する無駄な作業であるとみるのかは、意見が分かれるところです。

こうした議論を背景として、企業間コンソーシアムが採用するブロックチェーンにおいては、マイニングの作業を省力化する手段を模索することになります。こうして、許可型コンソーシアムチェーンが有力な候補の1つとしてあがります。

しかしながら、許可型コンソーシアムチェー

ンには問題点も存在します。コンソーシアムに参加する企業連合体がメンバーの交代なしに長期にわたって存続することは稀でしょう。参加者の変遷によっては、ノード間の結託などの不正が起こる蓋然性も高まります。参加企業が入れ替わるたびに権限の設定を変更する必要がありますから、誰かが管理人としての作業を担当するようになるかもしれません。こうして、少数の特権ノードが大きな設定権限を握ることになり、ブロックチェーン技術を利用する意義が疑わしくなることが懸念されます。

　参加者が限定されている許可型コンソーシアムにおいては、コンセンサスアルゴリズムを巧妙に設定しないと、ノード間の結託による不正が起こる可能性があります。互いに結託したノード群が、攻撃相手のノードに巧妙に嘘の情報を信じ込ませる手法は、ビザンティン将軍問題と呼ばれています。これは、広大なビザンティン帝国の各地を支配する将軍たちが、互いの真意を知るには伝令に頼るしかない状況下で、外敵に対する和睦か交戦かを選択しなければならない場面をイメージしています。

　強大な外敵に対峙するためには、すべての将軍が和睦または交戦で一致する必要があります。そこで、他の将軍の真意を確かめるために伝令を送り、こちらの真意を伝えると同時に、自分が知っている他の将軍たちの意向を伝えます。相手からも同じように、真意を聞き出し、他の将軍たちの意向について伝え聞く内容を教えてもらいます。こうした伝聞を編み合わせていくことで、矛盾のない意見が確認できたときに、自分の行動を決定します。

ところが、相互に敵対的である将軍たちは、仲間内で巧妙に結託することによって、一部の将軍に嘘の情報を信じ込ませます。すると、一人だけ交戦に出た将軍は、外敵に滅ぼされてしまいます。**このとき、誠実な将軍の数が、裏切り者の将軍の数の2倍よりも一人でも多ければ、嘘の情報を見破ることができます。**

この将軍たちの騙し合いをノード間の結託に置き換えたのが、ブロックチェーンにおけるビザンティン将軍問題です。論理的には解がないとされていた難問を、利己的行動を逆手にとって解決してみせたのが、サトシ・ナカモトの発明したプルーフ・オブ・ワーク法でした。謀議を企てるには時間が短すぎるため、結託するよりも抜け駆けしたほうが得なのです。ビットコインはこれまでのところ正常に動作しており、ビザンティン将軍問題に起因する攻撃は成功していません。厳密にいうと、論理的な解を発見したわけではないのですが、結託のリスクは十分に低いと考えられています。

これに対して、コンソーシアムチェーンにおいてＰｏＷ法を採用することは、あまり効率的ではないと考えられています。そこで、ＰｏＷ法に代わる何らかのコンセンサスアルゴリズムを実装することで、ビザンティン将軍問題を解決することが必要となります。許可型コンソーシアムに関する提案の多くは、ブロックチェーン製品として提供されていますから、それぞれの製品が採用するコンセンサスアルゴリズムを検証することによって、ビザンティン将軍問題への耐性を測ることができます。**ところが、ビットコインの開発がオープンなコミュニティーによって共有されているのとは対照的に、商業的なブロックチェーン製品の多くはアルゴリズムを公開していませんから、外部者が性能を判定することはできません。**将来的に、許可型コンソーシアムチェーンが産業で応用されるような事例が蓄積されると、製品ごとの特性や耐性などが検証されていくことになるでしょう。

❹ブロックチェーンの分類は可能か

本節では、ブロックチェーンを市場型／非市場型という視点と、許可型／自由参加型という視点から分類しました。

ブロックチェーンをどのような視点から分類すべきか定説はありません。よく使われているのは、プライベートチェーン、コンソーシアムチェーン、パブリックチェーンに分類するという視点でしょう。そして、パブリックチェーンはそれ以外の2つとは異なる性質を持つのか、プライベートチェーンはブロックチェーンではないのではないか、コンソーシアムチェーンは作動するのか、といった疑問が呈されます。

こうした議論は、しばしばすれ違います。その原因は、構造的に異質なものを比較しながら、それを並列で論じていることにあります。ブロックチェーンのような新しい技術が登場したときには、なるべく多角的に考察したほうが論点を見つけやすいでしょう。

何をもってブロックチェーンと呼ぶかという定義の外延は、ブロックチェーンの要素技術は何であるかという議論と密接に関連します。新しい技術の定義論は、どのような実装が登場するかに依存して流動的です。したがって、分析軸の妥当性についても、実装例を吟味しながら、仮説と検証を繰り返していくべきです。

こうして、異なる分析軸からブロックチェーンの性質を考察することによって、次第に技術の特性が明らかになっていきます。こうした議論が収束に近づく頃には、ブロックチェーンの産業への応用が進み、社会基盤として日常的に利用される技術へと成長しているかもしれません。

第2節

ブロックチェーンのユースケース

ブロックチェーン技術は、中心を持たないP2Pネットワークにおいて正確かつ効率的にデータを授受する特性を持っています。この性質を活かすことによって、あらゆる産業への応用が可能になると期待されています。

こうした特性に着目して、複数の省庁等にブロックチェーンの可能性を議論する研究会が設置されました。経済産業省は2016年2月にブロックチェーンの産業への応用に関する研究会を開催し、同年4月に『ブロックチェーン技術を利用したサービスに関する国内外動向調査』を公表しました。同年5月には、英文による報告書概要を公表しています。

同報告書は、第5章においてブロックチェーンの活用について検討し、期待されるユースケースの一つとして、土地の登記が有望であると指摘します。それによると、「土地の物理的現況や権利関係の情報を、ブロックチェーン上で登録・公示・管理することが可能である。土地や建物、所有者に関する情報のほか、それらの移転や抵当権の設定なども記録、管理するこ

図表4-4　ユースケースとして期待される5つの分野

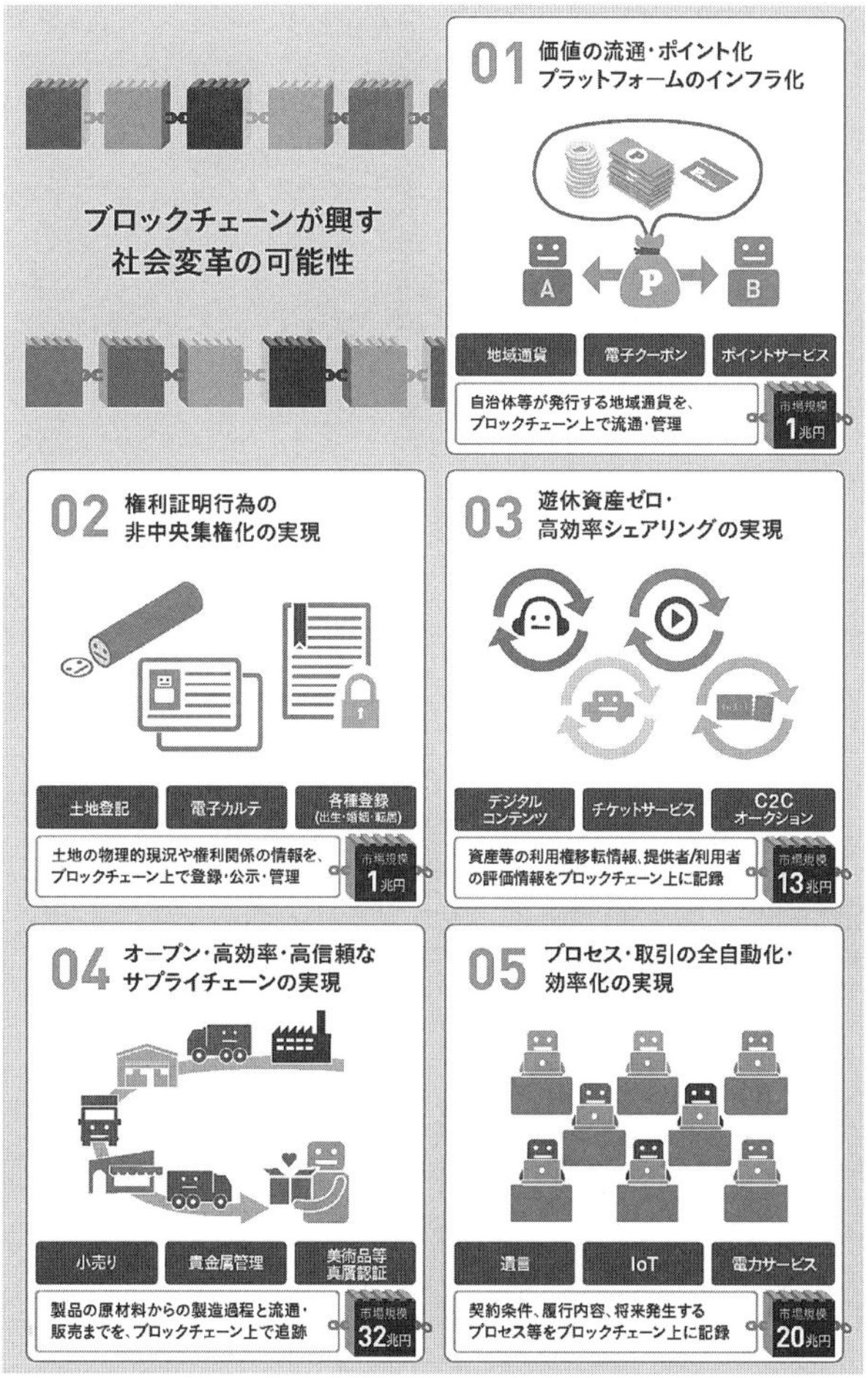

（出所）　経済産業省（2016）『ブロックチェーン技術を利用したサービスに関する国内外動向調査』。

とも考えられ、関連する業務の効率化が図れると想定される」と述べられています。

本節では、ブロックチェーンに期待されるユースケースとして、土地の登記という分野が有望といえるのか考察します。その際に、ブロックチェーンの有効性と限界については、先に提示した分類を参照します。そして、どのようなタイプのブロックチェーン技術に実用可能性があるのか比較検討します。

❶ブロックチェーンの応用分野

経済産業省の報告書は、冒頭でブロックチェーンの種類について論じ、パブリックチェーン、プライベートチェーン、コンソーシアムチェーンの3種類に分類します。それぞれのタイプに利点と課題があることを述べたのちに、ブロックチェーンの活用について論じます。そして、ブロックチェーンの弱点を補強し、特性を拡張するための方向性として、3つの軸を提案します。

（1）1つ目の軸は「ブロックチェーン上での記録・交換対象の拡張・汎用化」です。価値情報だけでなく、さまざまな財の所有権やサービス（役務提供）を受ける権利（所有権、利用権など）の移転や証明にもブロックチェーンを応用しようという動きです。

（2）2つ目の軸は「コンセンサスアルゴリズムの改変・高性能化」です。ビットコインのマイニングのようなプルーフ・オブ・ワークのための作業に伴う資源消費の課題を解決するため、新たなコンセンサスアルゴリズムを採用する動きです。

（3）3つ目の軸は「ネットワークへの参加を制限し、参加者の信頼度を向上」する方向性です。ノードとして参加できる資格に制限を設けることで、コンセンサスの効率化とトランザクション処理の高速化を目指す動きです。

同報告書は、ブロックチェーンのユースケースとして期待される分野を5つ挙げています。それらは、地域通貨、土地の登記、サプライチェーン、シェアリング・エコノミー、スマートコントラクトの各分野です。これらの分野は、ブロックチェーンとの適合性が高いと論じます。

ここでは、土地の登記への応用を例にとって検討しましょう。所有権の移転や証明にブロックチェーンを応用することは、「ブロックチェーン上での記録・交換対象の拡張・汎用化」として、1つ目の軸による拡張の方向性に属するとされます。

❷土地のブロックチェーン登記

報告書は、ブロックチェーンを土地の登記に応用する場合の要点として、次の各項をあげています。

（ア）ブロックチェーンが対象とする範囲

ブロックチェーンで土地や建物の情報、譲渡の履歴を管理する。そのほか、現在登記簿で管理されている土地の分割・統合（分筆・合筆）のほか、所有権や抵当権などの情報も管理する。これらの情報は、現在の登記簿と同様、誰でも閲覧可能とする。

（イ）活用するブロックチェーンの機能

ブロックチェーンの機能のうち、土地の登記への応用において重要となるのは「真正性の保証された取引が可能（二重支払の防止）」「データのトレーサビリティが可能で、透明性の高い取引が可能（改ざんが困難）」「中央管理者が不在でも、悪意を持つユーザーがいてもエコシステムが安定維持される」の3つであると想定される。

（ウ）ブロックチェーン活用時の留意点

①トランザクションに押されるタイムスタンプの正確性

抵当権の取り消しや設定などが連続的に行われる場合、それらの手続きの順序が重要になる。複数の地点から処理を実行した場合に、正しい順序で処理されるためには、処理の時刻が重要となる。

②当事者間の金銭授受などとの連動の必要性
土地の譲渡の場合、金銭の授受も同時に行われることが想定される。ローンを組む場合には、抵当権の設定もされることが多い。これらの金銭授受や金融取引と、ブロックチェーン上の移転の手続きとを、正確に連動させる必要がある。金銭授受そのものもブロックチェーン上で処理することも可能である。

報告書は、上記のようにブロックチェーンの活用法を論じます。本当にこのような活用が可能なのか検討しましょう。本文では、ブロックチェーンの機能として、中央管理者が不在でも、悪意を持つユーザーがいてもエコシステムが安定維持されることがあげられています。**しかし、中央管理者が不在といえるかは、ブロックチェーンの分類とも関係してきます。許可型のブロックチェーンでは、ノードの設置を許可する主体が存在していて、実在性を認証していますから、中央管理者が存在しないわけではありません。**従来の集権システムよりも分散的にデータを処理することは確かですが、中央がないとまではいえません。

また、中央管理者が存在しない設計の場合には、ビットコインにおけるプルーフ・オブ・ワーク（ＰｏＷ）のように、ノード間の結託に対抗するビザンティン耐性を備えていることが求められます。このとき、ブロックチェーンのビザンティン耐性は、コンセンサスアルゴリズムの性能に依存します。

このように、ブロックチェーンのエコシステムが安定的に維持されるかどうかは、どのようなタイプのブロックチェーンであって、いかなるコンセンサスアルゴリズムを採用しているかに依存します。したがって、ブロックチェーンの性能をひとまとめに論じるのではなく、常に分類を意識することが求められます。

報告書には、委員による討議の記録が掲載されています。冒頭において、「土地台帳や宝石の鑑定書などは、発行者がいるのであれば、その人たちがブロックチェーンを構築すればよいのではないか、もしくは発行者がいなければサービス自体がそもそも存在しないのではないかという議論がある。発行団体が必要なサービスは、ブロックチェーンで理論的に置き換えられるものなのか、発行団体がある程度競争のような事をする必要があるのか。」という問題提起がなされました。

そして、登記制度が未整備である中米などで推進されているファクトムというプロジェクトについて言及がありました。事務局からは、仮にファクトムのような仕組みに実効性が認められるならば、「土地の登記に関して、法務省等の仕組みを介さずにできるのではないか」との見解が示されました。これらの事務局からの投げかけに応じて、委員の間で自由な意見交換がなされたことが記されています。

❸可能と不可能を質す禅問答

さて、事務局からの問題提起は、よく読むと禅問答のように難問です。いわく、発行者がいるのであれば、その人たちがブロックチェーンを構築すればよい。発行者がいなければ、サービス自体がそもそも存在しないのではないか。発行団体が必要なサービスは、ブロックチェーンで理論的に置き換えられるのか。発行団体は競争する必要があるのか、と。

思うに、ブロックチェーンの必要性に関する議論のはじまりとして、この禅問答は秀逸です。ブロックチェーンの分類に照らして考えてみましょう。**自由参加型のパブリックチェーンには中央の管理者が存在しません。するど、発行者のいないサービスを構築するときには、パブリックチェーンが適しています。**中央管理者が存在しなくても、エコシステムが安定維持されるからです。

ところが、発行者のいないサービスというのは、そのようなものが存在するのか疑問です。これは、ナカの人がいないサービスはあるのかを問うことに近いでしょう。ビットコインにもナカの人はいるわけですが、いったん設定して動き出すと、次に設定を変えるときまでは自律的に作動するというのがパブリックチェーンです。なるべくナカの人が関与しないように設計していますが、存在しないわけではありません。

では、発行団体が必要なサービスは、ブロックチェーンで置き換えられるのでしょうか。それは、ここでいう発行団体というのが中央管理者としてすべてをコントロールするのか、ブロックチェーンを設定するナカの人の役割に徹するのかによります。世の中には、明確な中央管理者が支配するのではなく、多数の人によって支えられたほうがよいサービスもあるでしょう。そういったものは、パブリックチェーンに適しています。

中央がはっきりと存在して、あらゆる事象を一人で支配するのであれば、プライベートチェーンが適しています。これは、本質的には集権的なシステムですから、これまでの仕組みと変わることはありません。本書の見方によれば、プライベートチェーンはブロックチェーンには属しません。

しかし、発行団体が存在するからといって、ブロックチェーンを活用する余地がないとは限りません。権限の集中を避けるために、発行団体の持つ機能をコンソーシアムに分解することも考えられます。あるサービスの業界団体のように、発行団体を構成するメンバーだけでコンソーシアムを構成するのであれば、許可型コンソーシアムが適しています。

ここで、業界団体のメンバーだけでは、取引の真正性を維持できないと考えられる場合には、一般ノードの参加を促して許可型パブリックチェーンを構成することができます。許可ノードは業界団体のメンバーによって構成し、一般ノードは取引データの検証の役割を担います。これは、取引の法的な安定性と、取引の透明性とのバランスが重視されるような分野に適しています。許可ノードが法的安定性を高め、一般ノードが透明性を高めます。

許可型パブリックチェーンにおいて、許可ノードは競争しているのではなく、協調的に真正な取引データを残すよう努力します。何らかの不正や誤りの発生を防ぐことも、許可ノードの役割ではありますが、この役割を主に担当するのは一般ノードです。このように考えると、発行団体は競争する必要があるかという禅問答に対する答えは、おそらく否です。

許可ノードが互いにけん制することはあっても、マイニングのような競争を行う必要はありません。それは一般ノードの役割です。一般ノードはボランティアで参加する場合と、経済的なインセンティブで参加する場合があります。マイニングのようなインセンティブが設計されていて、これを目標として一般ノードが参加するのであれば、それは競争的な関係にあります。

このように、許可型パブリックチェーンは、協調的に取引データの正当性を創り出す許可ノードと、競争的に取引データの正確性を検証する一般ノードの混交によって成り立ちます。

❹ブロックチェーン登記の論点

さて、経済産業省の報告書においては、ブロックチェーンのユースケースとして土地の登記を有望な分野の1つとして扱っています。ところがユースケースに関する議論をみると、どのタイプのブロックチェーンを前提とするのか不明です。そこで、前述したブロックチェーンの分類を意識しながら、土地の登記への応用可能性と課題について検討しましょう。

次のような場面を想定します。いま、実体法上の関係において、土地の二重譲渡という事案が発生したと仮定します。土地の登記がブロックチェーンを活用して設計されている場合に、譲受人の優劣はどのように決するのでしょうか。あくまで仮定のお話として、ブロックチェーンを活用した登記システムが稼働しているものとします。

ここで、土地の登記にブロックチェーンを応用する方法としては、次の2つの法的構成が考えられるでしょう。

（1）土地売買の事実があったことを、第三者に対抗するための要件として、ブロックチェーンに登記する構成。

（2）土地の売買契約を行う際には、ブロックチェーンに登記しないと、法的効力が発生しないという構成。

この2つの制度のどちらが現実的でしょうか。それぞれ考察してみましょう。

（1）対抗要件としてのブロックチェーン登記

土地の売買契約を結んだ場合であっても、登記を行うことが法律上の義務でなければ、これを省略することも可能です。ただし、登記を行っていないと、もし二重譲渡のようなインシデントが発生したときに、第三者に対して、自分が正当な譲受人であると主張することが難しくなります。このような登記を行うことを、対抗要件を備えると表現します。

二重譲渡のようなインシデントが発生したとき、どちらが正当な権利者かという実体法上の状態と、登記に記載された内容は一致しないことがあります。このことは、登記システムがブロックチェーンに移行した場合であっても変わりません。しかし、ブロックチェーンを活用することによって、実体法上の状態と登記簿の記載内容の不一致が起こりにくくなるのであれば、ブロックチェーンを導入する意味があります。そのような効果は期待できるでしょうか。

パブリックチェーンによって登記システムを構成する場合には、改ざんに対する耐性は強くなりますが、法律行為の真正性を証明することは難しくなります。なぜなら、法律行為の主体の真正性を証明するためには、パブリックチェーンの外部に存在する認証制度を組み合わせる必要があるからです。法律行為を行ったのが誰であるかが確実に認証できなければ、法律行為の真正性を担保することはできません。

許可型のブロックチェーンには、許可ノードの参入を認証するための特権的な主体が存在します。許可型コンソーシアムチェーンまたは許可型パブリックチェーンで登記システムを構成した場合には、特権的な主体である認証局が登記システムの信頼の源泉となります。認証局を設置する主体が政府である場合には、法的にも一定の効力が付与されますから、少なくとも主体の真正性には強い証明力が与えられます。

ただし、ブロックチェーンを応用したからといって、二重譲渡などのインシデントがなくなるわけではありません。これまでの登記制度に比べて、ブロックチェーン登記へのアクセスが容易であれば、登記を確認することによって紛争が避けられるかもしれません。それは、登記システムへのアクセスが容易になったことの効果であって、ブロックチェーン登記の効果ではありません。

ブロックチェーンが得意とする能力の1つが、アセットの転々流通を可視的に表現することです。どのような経緯を辿って現在の所有者が不動産を所有していて、最終的に誰に譲渡されたのかが確認できれば、不動産のヒストリーが手に取るようにわかります。それによって紛争がなくなるわけではありませんが、実際の契約行為という場面においては、不動産のヒストリーがわかると不自然な動きに気づきやすくなるかもしれません。

このように、対抗要件としてのブロックチェーン登記は、紛争の発生を減少させる効果が多少は期待できます。しかし、実体法上の権利関係と登記簿の記載のずれを完全に防げるわけで

はありません。対抗要件の質を高めることには役立ちますが、対抗要件は実体法上の権利の証明ではないので、それ以上の効力は期待できません。ブロックチェーン登記によって、この限界が変わるわけではないのです。

（2）要式契約としてのブロックチェーン登記

登記システムにブロックチェーンを導入するのであれば、その機会にあわせて登記制度そのものにも変更を加えるほうが、導入の効果は高まります。そのようなことが現実に可能であるかはさておき、1つのシナリオを検討してみましょう。

新しい制度において、土地の売買などの契約行為を行う際には、ブロックチェーン登記への記録を完了することが義務になったと仮定します。すると、登記を完了することは契約の要件になりますから、当事者の意思の合致だけでは売買契約の効力が発生しません。登記システムのブロックチェーンに売買の取引データを送り、ブロックが作成されて不可逆的に記録されるまで、売買契約は承認されません。

このように、当事者の意思の合致だけでは契約が成立せず、ある要式をみたすことが必要とされる契約のことを、要式契約と呼びます。ブロックチェーン登記が不動産の売買契約の一部を構成する要式行為として義務化された場合には、どのような効果が期待されるでしょうか。

それは、正当な権利者は誰かという実体法上の関係と、ブロックチェーン登記に記録されたデータとを、可及的に一致させる効果が期待されます。しかし、これはブロックチェーンを導入したことの効果ではなく、登記を義務化したことの効果に過ぎません。

では、ブロックチェーンを活用したことの効果として、何が期待されるのでしょうか。このようなシステムにおいては、土地の権利証はデジタルアセットとしてブロックチェーン上に記録され、かつ、ブロックチェーン上においてのみ流通します。ブロックチェーンというのは権利の転々流通を記録することに適した仕組みですから、土地の権利証というデジタルアセットが転々流通していく様子がうまく表現されます。

すなわち、ブロックチェーンの外で売買契約を行ってから、後でブロックチェーンに登記するのではありません。**土地の権利証というアセットはブロックチェーン上にだけ存在していて、ブロックチェーン上での権利の移転によってのみ、アセットを譲渡することができます。**このように、唯一の契約行為の場としてのブロックチェーンに法的意味を与える場合にのみ、ブロックチェーン登記システムは意味を持つことになります。

では、前項で検討した二重譲渡のインシデントについては、どのような対処が想定されるのでしょうか。ブロックチェーンによるアセットの移転においては、二重譲渡が起こらないように設計されています。パブリックチェーンであるビットコインの設計上の要点の1つは、コインの二重使用が発生しないことです。すなわち、ブロックチェーン上においてのみアセットが移転するように設計すれば、アセットの二重譲渡は発生しなくなります。

言い換えれば、ブロックチェーン上においてのみアセットが移転すると表現できるようなものです。 ここで例にあがっている土地の権利証というのは、現行の登記制度をブロックチェーン登記に置き換えただけでは効果は限られています。しかし、ブロックチェーン上においてのみ権利が移転するという法制度が存在するならば、二重譲渡を防止する効果が発揮されます。

このような法制度において、権利が移転する時期は、アセットの送付という取引データが承認されたときです。すなわち、ブロックチェーン上にアセットの送付が記録された時刻です。これは、ビットコインのシステムにおけるアセットの送付に関する考え方と同じです。このとき、譲受人は対抗要件を備えたものと擬制されます。ここでいう対抗要件とは、ブロックチェーンに書き込まれた取引の記録が有する公示力のことを指します。

ブロックチェーン上におけるアセットの送付に、法的な意味を持たせるためには、法律行為の主体の認証を行い、また、法律行為を行った時刻のタイムスタンプを付与する認証局に信頼の源泉を置くことになります。これに要式契約の要素となる程度の意味を持たせ、同時に法的な対抗要件を備えるものと擬制するためには、認証局の設置主体は政府、または、政府の認定した信頼できる主体であることが必要とされるでしょう。

日本のように登記制度が整備されている国において、あえてブロックチェーン登記を導入するのであれば、おそらく許可型のブロックチェーンを利用することになるでしょう。現行の登記制度の背景には、信頼の源泉となる政府機関が存在しており、その存在をブロックチェーンに移行させることが自然であるからです。

これに対して、登記制度が未整備であるような国において、ブロックチェーン登記システムを導入する例であれば、パブリックチェーンを利用することも考えられます。この場合、法律行為の主体を認証する効果は組み込まれていませんが、パブリックチェーンが正しく稼働していれば、記録された取引データの改ざんの防止の効果は期待されます。

しかし、登記制度が未整備である国において、ブロックチェーン登記システムを導入するにあたっては、大きな課題が待ち構えています。まず、現状の権利関係を正しく確定して、これらをアセットとして記述することから始めなくてはなりません。**ブロックチェーン上のアセットとして記述された土地の権利証と、登記がされておらずブロックチェーン上のアセットとして加工されていない土地の権利証とが混在しているようでは、ブロックチェーン導入の効果は半減します。**

ところが、登記制度が未整備であった国において、土地の権利証をブロックチェーン登記システムに登録する作業が直ちに進むとは想定できません。そこでは、現在の権利関係をブロックチェーン登記システムに登録することに、何らかのインセンティブが求められます。

具体的には、土地の権利証をブロックチェーン登記システムに登録することによって、第三者に対する対抗要件を主張できるなど、登録を行わないよりも登録を行ったほうが有利になるように制度を設計することが考えられます。ここで、さらに大きな問題が立ちふさがります。これまで登記制度が未整備であった国では、ある土地の権利者が誰であるのかを確定しなければなりません。これは政府および専門家が協力して行うべきことであって、決して個人が早い者勝ちで登録すれば完成するというものではありません。

現在の権利関係を確定するという作業は、ある国家における資産の帰属状況を定義するという意味を持ちます。これは、ブロックチェーンによって解決できる問題ではありません。現在の権利関係を確定する作業は、政府の関与によってのみ実現されます。こうして権利関係が確定したのちに、それをアセットとして表現する作業が行われます。こうした準備段階を経てから、ようやくブロックチェーン登記システムが稼働し、定義されたアセットがブロックチェーン上においてのみ移転するようになります。

❺アセットのブロックチェーン化

ここで、本節の冒頭でみた、ブロックチェーン活用の3つの方向性を思い出しておきましょう。１つ目の軸は、ブロックチェーン上での記録・交換対象の拡張・汎用化でした。それは、価値情報だけでなく、さまざまな財の所有権やサービスを受ける権利、具体的には所有権や利用権などの移転や証明にもブロックチェーンを応用しようという提案でした。これまでの検討からみて、こうした活用法が実現する可能性はあるでしょうか。

土地の所有権をブロックチェーン上のアセットとして表現して、あたかもコインを送金するように所有権というアセットを送付することができれば、ブロックチェーンを活用して権利を移転したといえます。つまり、コインのような価値情報だけでなく、さまざまな財の所有権やサービスを受ける権利であっても、アセットとして表現することができて、ブロックチェーン上で移転するよう構成することができれば、ブロックチェーンの応用例として成立する可能性があります。

ただブロックチェーンで表現しただけでは、あまり意味がありません。**ブロックチェーン上にアセットを表現することの意味は、ブロックチェーン上でしかアセットが移転しないことを法制度で担保して、アセットの二重使用を防ぐことにあります。**そして、アセットの転々流通を可視的に描き、権利関係の状況にストーリーをつけて説明力を高めることにあります。

このような条件をみたす活用例として、登記という制度は確かに有力な候補の1つです。アセットの転々流通をブロックチェーンに記録して、取引データとブロックが正しいことを多数のノードが検証します。ブロックチェーンの記録は公開され、取引関係に入る当事者はブロックチェーン上で権利関係を確認します。

どうやら、登記制度というのは、ブロックチェーンの1つ目の軸として、適当であるかもしれません。ただし、許可型のブロックチェーンに適している作業というのは、ブロックチェーンでなければ表現できない作業であることは少ないでしょう。それは、集権的なシステムでも表現することができるからです。

したがって、実際に登記システムの電子化を推進する際には、ブロックチェーンの活用を1つの選択肢とすることがよいと思われますが、集権的なシステムによって構成できることとブロックチェーンによって表現できることを比較衡量して、どちらが適当であるかを検討することになるでしょう。このことは、さまざまな財の所有権やサービスを受ける権利をブロックチェーンで表現すべきか検討する際にも、常に考えておくべきことでしょう。

第3節

スマートエコノミーの可能性

ブロックチェーンのユースケースとして、シェアリング・エコノミーへの応用が提案されることがあります。前節でみた経済産業省の報告書にも、5つの例の1つとしてあげられていました。

これまでの経済においては、企業がサービスの提供者でしたから、あらゆるサービスは企業の管理下にありました。例えば、ホテルの部屋やマンションの部屋というのはサービスを提供する企業の管理下にありました。これを有償で提供するための予約システムやカギの管理などは、特定の企業またはポータルサイトの管理下にありました。

ところが、民泊のようなシェアリング・サービスが発達すると、状況が変わってきます。民泊で提供される部屋は、本来は第三者に提供されることを想定していません。所有者または借主だけがカギを持つことを念頭において設計されており、有体物としてのカギを権利者が保有する設定になっている場合が多いでしょう。この有体物としてのカギが、サービスの電子化を妨げる要因となります。果たしてブロックチェーンを利用することで、シェアリング・サービスの普及は進むのでしょうか。

❶シェアリング・サービス

シェアリング・サービスを設計するときには、利用しない資産と利用したい人をマッチングすることから始めます。これ自体は、それほど難しいことではありません。**むしろ問題は、その資産を利用する権利を、利用者に付与する方法です。**例えば、民泊のマッチングサイトにおいて、貸出の可能な部屋と、借りたい人のマッチングが成功しました。問題となるのは、カギの受け渡しです。ある特定の日時に部屋を利用する権利を持つ人は、その対価を支払うことによって、カギを受け取ることができます。このとき、カギが金属のような有体物であれば、どこかで受け取るという行為が必要です。言葉の通じない海外では、とても難しい作業になることがあります。

実際に、海外の民泊サービスで提供された部屋の口コミを読んでみると、カギの受け渡しが難しかった例がよく登場します。いくつかの口コミを参考に、問題の要点をまとめてみましょう。

ミッション・インポシブル

カギの受取りはミッション・インポシブルのようだった。まず泊まるアパートとは別のアパートへ向かった。スワイプカードの入った金庫を開錠するには、さまざまなコードを入力しなければならないのだ。

開錠マニュアルの記載はすこぶる不明瞭だった。だから、電話をして説明を聞く必要があった。なぜ、ホテルのコンシェルジュから鍵を受け取るという、簡単なことができないのだろう。それはミステリーだ。まったくもって便利とは言いがたい。

野晒《のざらし》

大いにがっかりの滞在だった。ちゃんとカギを受け取ることができていれば、素敵な部屋だったろう。けれども、私たちは金曜日の夜遅くに、1時間半以上も外で立ちすくんでいたのだ。カギを渡してくれるはずの責任者をずっと待ち続けて。

あきれるほどのコミュニケーション不足と責任感の欠如だ。もしアパートの部屋を管理するのだったら、誰かがカギを手渡す責任をきちんと負うべきだよ。電話に出たどこかの誰かから「自力でなんとか一晩やり過ごしてください」と言われるなんてことは、あってはいけないのだよ。これは悪夢だ。いや悪夢に違いない。

ここであげた事例は、海外の民泊サービスの口コミに若干の編集を加えたものです。こうしたケースは少なからず見られるようです。海外でのビジネス経験のある方ならば、文化の違いによるコミュニケーションのギャップには慣れていることでしょう。それでも、ビジネスに慣れていない民泊の提供者とのコミュニケーションは困難を極めることがあります。

こうしたコミュニケーションギャップを埋めるための方法として、もっとも根本的な解決策の1つが、人間の関与を最小限に抑えることです。毎週のように新しい利用者が現れて、時差によって行動時間の違う相手に対して、間違いなくカギを手渡すという作業は、人間が得意とする作業であるとはいえません。たとえ誠実な貸主であっても、コミュニケーションの齟齬からタイムゾーンを誤って、待機する時刻を間違えることもあります。サマータイムなどの制度も日本人にはわかりにくいものです。日々、新しい利用者に対して、間違えることなく任務を果たすことは、責任感と注意力を要する業務です。すべての貸主がこうした役割をそつなくこなせるとは限りません。

そこで、解決策として登場するのがスマートキーです。ここでいうスマートキーには、金属のような有体物からデータに置き換えるという意味合いと、人間の関与を最小限にするという意味合いが込められています。2017年に福岡市内で開催された福岡ブロックチェーンエコノミー勉強会では、次のようなコンセプトのスマートキーが実演を交えて紹介されました。

❷スマートキーの分散化

部屋を利用しようとする人は、部屋を提供する人に対して、仮想通貨を送金します。実験では、ビットコインのテストネットが利用されていました。**テストネットというのは、ビットコインの新しいプロトコルを試運転するためのテスト環境です。**ここには、テスト用のコインが準備されていて、ビットコインを使ったサービスを構築しようとする人は、この環境を使って実験を行うことができます。

さて、テストネットのビットコインは、本システムのビットコインと性能は基本的に同じです。利用者は、テストネットのコインを送金できるように、ビットコインのウォレットをスマートフォンにインストールします。送金が可能な状態にセットできれば、準備は完了です。ここで、送金する宛先は誰でしょうか。もし、部屋を提供する人のスマートフォンに対して送金するのであれば、あまり意味がありません。それでは、支払がスマートになっただけで、あとの作業にはヒトの関与が必要となるからです。

この実験では、送金の宛先となるのは、部屋のドアのカギそのものです。部屋を提供するヒトがウォレットを持っているというよりは、部屋のドアがウォレットを持っているのです。これによって、ヒトの関与を1つ減らすことができます。

具体的には、部屋のドアのシリンダー1個に対して、1個のコンピューターが設置されています。このコンピューターは、手のひらサイズのラズベリーパイと呼ばれるボードの上に組まれたもので、大きさとしてはシリンダーに設置できるほど小型です。ラズベリーパイのことは、ラズパイと省略することがあります。このラズパイは無線LANに接続されており、ビットコインのネットワークにつながっています。

ここで興味深いのは、このラズパイはビットコインのシステムにノードとして接続されているということです。ビットコインのノードは世界で1万1000台ほど存在していますが、自由参加型のブロックチェーンですから誰でも追加して参加することができます。この役割をラズパイの小型コンピューターに担わせてしまうというのが、この実験の面白いところです。

部屋を利用しようとする人は、部屋のドアを前にして、ビットコインを送金します。すると、目の前のシリンダーにはラズパイが設置されていて、それはビットコインのノードです。ビットコインのノードは、ビットコインのネットワークで発生したすべての取引の記録を受け取って、かつ、他のノードに手渡す役割を果たします。当然ながら、自分すなわちドアのアドレス宛の送金も検知することができます。ラズパイがドアへの送金を検知すると、シリンダーが自動的に回転してドアが開きます。

このようにスマートキーを活用すれば、少なくともサービス提供側においては、ヒトの関与をほぼ完全に排除することができます。**それは、金属のカギを受け渡す必要がないという省力化の意味合いと、確かに送金者が排他的に部屋を利用する権利を持つことが確認できるという意味合いを含みます。**ヒトの関与する作業をなくし、ヒトが忘れていても正しく資産が管理されるのです。

❸ルールエンジン

さて、ドアに取り付けられたラズパイはビットコインのノードとして、P2Pネットワークにつながっています。ここで、仮想通貨の送金という部分にブロックチェーンを利用するだけでなく、サービスの提供そのものをブロックチェーンで構築していれば、より多くのことが実現できます。例えば、部屋を提供する人の評判情報や、部屋を利用する人の評判情報を、ブロックチェーン上で共有することができます。

これに対しては、サービスを運営する企業が集中的に記録すればよいとする意見があるかもしれません。しかし、評判というのは常に操作を受ける可能性があります。特定のサービス提供企業が評判を管理するよりも、参加者が分散的に共有するほうが民主的であると考えるならば、ブロックチェーンを利用することは賢明な選択かもしれません。

福岡ブロックチェーンエコノミー勉強会の資料では、次のような事例があげられています。福岡市内では、駅前の道路が陥没して、周辺のビルが使えなくなるという事案が起こりました。こうしたインシデントが発生したときに、参加者が話し合って、被害を受けた人たちには優先的に部屋を提供するというルールを提案し、それが合意されたとします。**この合意内容を、ブロックチェーンのルール変更として実装すれば、参加するすべてのノードは新しいルールをコピーして実行します。**こうして、民主的な意見を分散的に実行する方法として、ブロックチェーンを活用しようというわけです。

これに対しても、サービスを運営する企業が集中的にルールを管理すればよいとする意見があるでしょう。確かにそのとおりです。しかし、サービスを運営する企業というのは、概して経済的利潤の最大化を行動規範としていますから、需要が逼迫していれば値上げをするのが正しい行動です。これとは対照的に、シェアエコノミーを推進する人たちの中には、遊休資産の活用という経済的目的と、コミュニティーへの貢献という社会的な目的のバランスをとる人がいるかもしれません。もしも、そうした人の割合が多ければ、特定の営利企業に運営を委ねるよりも、ブロックチェーンを民意の集約のための道具として、また、民意を実行する道具として使うことには意味があるかもしれません。

同じようなことは、災害などで被災した方に部屋を提供したいと望む人々の声に応える場面にもあてはまります。こうした場面では、企業のリーダーの決断によって会社の資産を提供するという行動が期待されることはもちろんですが、一人一人の声を集約して、個人にしかできないことを実行に移すことも大切です。**被災した方には無償で部屋を提供するという合意が成立し、これをブロックチェーンにルールとして実装すれば、直ちにすべてのノードが新ルールに従ってコントラクトを受け付けます。**

よく、ブロックチェーンが必要な場面は何かと問われます。その1つの答えが、ここであげた災害時の利用です。中央に管理者を置いて1つのデータベースを運営する方式は、平常時であれば効率的で確実な方法です。しかし、1つのサーバーが被害を受けて、バックアップのサーバーも落ちてしまうと、もはやサービスを提供する方法が失われます。このような事態を避けるために、地理的に離れた2つの場所にバックアップを置き、地理的に離れた2つの自治体がお互いに緊急時の運用を助けるといった方法が提案されています。これらは、確かに賢明なバックアップの方法です。

では、ブロックチェーンを活用した場合には、どのように変わるでしょうか。ブロックチェーンはP2Pネットワークで構成されていますから、どこかに中心が置かれているわけではありません。つながっているノードはすべて平等な立場で参加しています。パブリックチェーンの場合には、特権ノードというのも存在せず、すべてが同じ権限を持っています。そして、自由参加型のブロックチェーンであれば、誰もがいつでも参加することができます。

大きな災害が起こった場合には、被災地に設置されたサーバーはダメージを受けやすいため、現地に置かれたシステムはしばしば使えなくなります。これに比べて、モバイル端末の接続環境というのは、通信会社のたゆまぬ準備と努力のおかげで、比較的に早く復旧することが知られています。ラズパイのノードであれば、電力と無線環境が復旧すれば、ノードとして立派に稼働します。**そして、現地でつながっているノードだけでは不安定な場合でも、遠隔地でノードを建てて、ルールの更新や実装といった作業を支援することができます。**ＩＴを使った被災地の支援に関しては、日本は崇高な経験を経て大いなる蓄積を有しています。

こうした柔軟でしなやかな性質を持つことから、ブロックチェーンはレジリエントなシステムだと評されることがあります。レジリエントという言葉には、柔軟で折れにくいという意味と、しなやかに復活するという意味があります。システムの構成方法として、中央集権的なピラミッド構造と、ブロックチェーンというフラットな構造のどちらが効率的であるといえるでしょうか。それは、場面によって異なることでしょう。選択肢の１つとしてブロックチェーンが登場したことで、そのレジリエントな性質が役立つ場面のあることが期待されます。

第4節

ビットエコノミーの時代へ

ブロックチェーンを活用して経済社会のプラットフォームを構築することによって、ヒトの関与をなるべく抑えた、自律的なスマートエコノミーが実現します。自動化された経済社会システムを構築する方法にはさまざまなアプローチがありますが、ブロックチェーンを使ってスマートエコノミーを実現する場合には、その土台となる技術の名称をとってブロックチェーンエコノミーと呼ぶことがあります。

ブロックチェーンエコノミーは三層構造から構成されます。第一層には決済サービス、第二層にはサービスを提供するブロックチェーンのプラットフォーム、第三層には法制度の執行システムが構築されます。このとき、第一層にビットコイン型の分散型仮想通貨が用いられる場合には、その経済圏には地理的な制約がありません。このような狭義のブロックチェーンエコノミーのことを、本書ではビットエコノミーと呼ぶことにします。

❶三層のプラットフォーム

スマートエコノミーの考察でみたように、シェアリング・サービスをブロックチェーンで表現する場合には、サービスを受ける権利の送付とは反対方向に、必ずマイクロペイメントとして送金が存在します。この場合、マイクロペイメントの部分を中央管理型の決済サービスで構成することもできますが、人間の関与をなるべく排したスマートエコノミーを構築しようとする場合には、ブロックチェーンで構成された仮想通貨を利用すると相性がよさそうです。

しかしながら現状をみると、ビットコインのような分散型仮想通貨をマイクロペイメントに利用するのは無理があることも事実です。代わりに登場するのは、中央型仮想通貨であるかもしれません。あるいは、中央銀行がデジタル通貨を発行する場合には、それが決済の基盤となることでしょう。いずれの場合であっても、スマートエコノミーを実現するためには、その土台として何らかの電子的な決済サービスが構築されるはずです。

つまり、第一層としての仮想通貨もしくはこれに代わる決済サービスと、第二層としてのブロックチェーンによるサービス提供基盤というのは、独立して存在するのではなく、おそらく不可分一体のものとして普及するであろうと予想されます。そうであれば、土台としての仮想通貨もしくは決済サービスで覇権を握ることが、第二層の主導権を握るために重要となってくるわけです。

図表4-5　ブロックチェーンエコノミーの三層構造

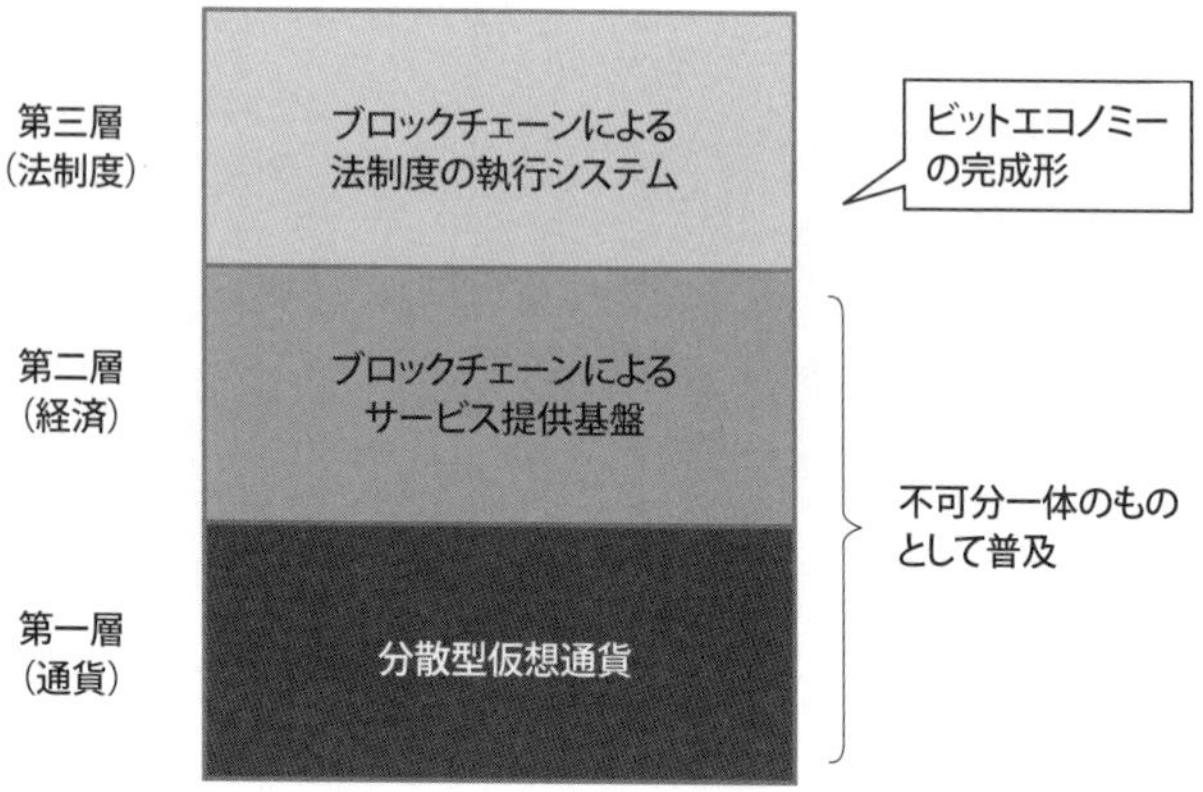

（出所）　各種資料より著者作成。

第三層の法制度の執行システムをブロックチェーンで規律するというのは、いわばブロックチェーンエコノミーの完成形です。国内法が適用されるのは原則として日本国内ですから、国内で完結するようなサービスであれば第三層までをブロックチェーンで描くことも想定できます。国境を越えるサービスにおいては、どちらの法律が適用されるかという準拠法の問題が生じます。これは二国間または多国間で話し合って決めるべきことですが、先にブロックチェーンエコノミーの覇者が登場してしまった場合には、勝者の提示するルールに従うほかなく、法の制定権を失うことになりかねません。

現在、いくつかの国家がブロックチェーンの標準化に関心を示しています。これは、主として第二層のスマートエコノミーで主導権を握るための行動だと理解されているようです。**こうした国々のいくつかは、中央銀行が発行するデジタル通貨に強い関心を示しています。**これは、スマートエコノミーが三層構造であることを正しく理解しているものとみることができます。それは、第三層の国際ルールをどの国家が主導するかという覇権競争にもつながります。

仮に、第二層のスマートエコノミーの実現には関心を持ちながら、第一層の決済サービスの国際化には興味を示さないという国があったとすれば、それは世界の競争から取り残される国でしょう。**なぜなら、第一層の主導権を失うということは、第三層の決定権を失うことになりかねないからです。**

第三層の法制度の執行までを自律的なブロックチェーンで表現することは想定しにくいかもしれません。しかし、第2節4項で検討したような要式契約としてのブロックチェーン登記システムというのは、法制度の執行とブロックチェーンによる経済取引とが不可分一体となることを意味します。このように、国内法の適用範囲において、経済取引のブロックチェーンと法制度のブロックチェーンを連動させることは可能であり、実現性を見出すことができます。

❷シェアリング・エコノミーの三層構造

ブロックチェーンエコノミーの典型例として、シェアリング・エコノミーのプラットフォームを図示してみましょう。第一層は、分散型仮想通貨のような決済サービスです。第二層は、ブロックチェーンによって構築されたシェアリング・サービスのプラットフォームです。第三層は、こうした経済活動を規律する法制度です。

仮に、仮想通貨には目を向けず、ブロックチェーンだけに着目するというのは、第二層だけに論点を絞ることを意味します。決済サービスをレガシーな方式で構成する場合には、それでも構わないでしょう。しかし、第一層の決済サービスを仮想通貨で構成した場合にこそ、ブロックチェーンエコノミーの真価が発揮されます。なぜなら、第一層の仮想通貨のブロックチェーンが、第二層のサービスレイヤーのブロックチェーンと嚙み合って動作するときに、ブロックチェーンエコノミーの能力は最大限に発揮されるからです。

各レイヤーを規律するルールという観点からみると、第一層の仮想通貨を規律するのはCODEです。**かつて、ローレンス・レッシグが述べたように、インターネットの世界において権利の広狭を定義するのは、CODEすなわちプログラムによって記述された機械的な命令です。**分散型仮想通貨が人間の関与をできる限り排除するのは、CODEが規律する貨幣を発行しようとする試みだと理解できます。

第二層のサービスレイヤーを規律するのはビジネスルールです。それはサービスの約款であり、ある商業集団が共有する商慣習であり、ソフトローと呼ばれることもあります。これをブ

図表4-6　シェアリング・エコノミーの三層構造

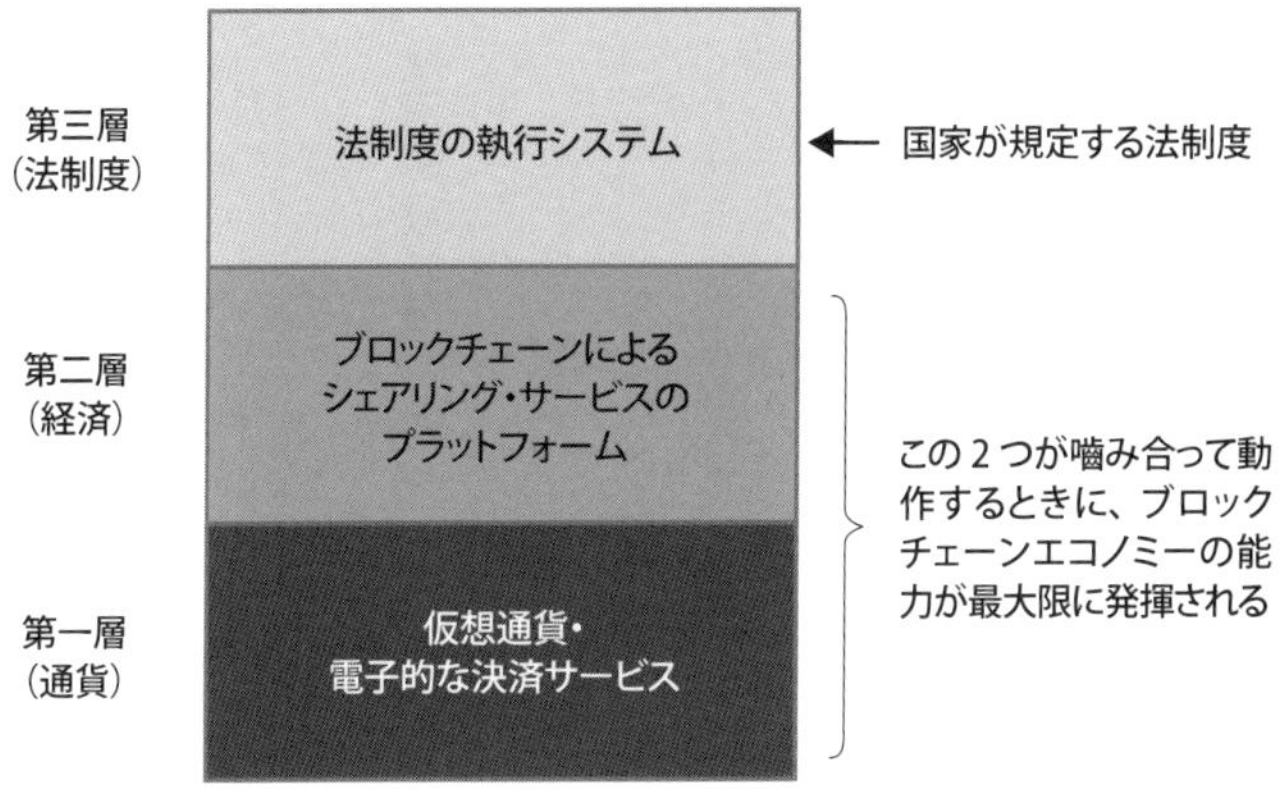

（出所）各種資料より著者作成。

ロックチェーンによって表現したのが、シェアリング・エコノミーなどを提供するサービス・プラットフォームです。このレイヤーにおいても、できる限り人間の関与を最小限に抑えるため、ブロックチェーンの表現力が活用されています。

第三層は、国家が規定する法制度のレイヤーです。国内法の適用範囲においては、このレイヤーは明確に存在します。国境を越えてサービスが提供されるようになると、どの国の法律が適用されるのかという準拠法の問題が生じます。法の執行にブロックチェーンを利用するならば、第一層および第二層のブロックチェーンと不可分の構造を持ちます。

ブロックチェーンエコノミーの完成形はおそらく三層のレイヤーから構成されます。**第**

一層の仮想通貨、第二層の経済プラットフォーム、第三層の法制度という各レイヤーがブロックチェーンによって記述され、自律的に各レイヤーのルールが作動します。結果的には三層のすべてにブロックチェーンが使われる分野は少ないかもしれません。しかし、国内法の存在意義を守るためには、少なくとも来るべき変化への準備を進めておいたほうがよいでしょう。

❸新・経済圏の発展経路

シェアリング・エコノミーのような新しいサービスが登場するときには、サービスを提供するためのプラットフォームだけでなく、それに根拠を与える法制度が必要とされます。このことはブロックチェーンエコノミーにもあてはまります。それゆえ第三層の法制度のレイヤーが意味を持ちます。ブロックチェーンを使ったサービスは国境を越えて普及するため、ルールの主導権を握るのがどの国であるのかが重要になってきます。

とはいえ、国内法の適用範囲は法が制定された国内に限られますから、海外で制定された法律が日本で効力を有するわけではありません。しかし、新しいサービスが主要国で利用されるようになり、そのための法制度が存在していて商慣習として受け入れられる状況において、これとは異なる法制度を提案しても手遅れです。サービスと商慣習は不可分一体であり、両者を受け入れるか、あるいは排除するかの選択しか残されていません。

新しいサービスが世の中に受け入れられて、社会経済システムの一部となっていく過程は、国によって異なります。**新しいサービスが法の想定する概念の外にあるときには、グレーゾーンを埋めるために政府の協力が必要とされます。**そのためには、グレーゾーンの存在を説明する民間と、それを埋めることのできる政府との協働が不可欠です。

海外での普及例をみてみましょう。上海で２０１７年秋に開催された全球城市論壇という国際フォーラムにおいて、中華人民共和国における自転車シェアリングサービスの普及過程について調査した結果が報告されました。それによると、法のグレーゾーンであるシェア自転車サービスが普及した過程は、中国でも都市によって異なっていたとされます。

上海市においては、自然発生的にマーケット主導でサービスが拡大しました。政府は積極的には介入せず、緩やかな規制がサービスを容認しました。広州市においてはイノベーション主導でサービスが拡大し、政府は規制を見直して追認しました。これらは、政府が新しいサービスを容認もしくは追認することによって、社会経済システムの一部として受け入れていくパターンです。

北京市においては、レギュレーションの主導によってサービスが拡大しました。政府が規制を定義したことが普及を後押ししたわけです。深圳市においては、政府が積極的に主導してサービスが拡大しました。これらは、政府が新しいサービスの社会経済システムにおける価値

図表4-7　中国の自転車シェアリングの発展過程は都市で異なる

規制の程度 ＼ 政策当局の干渉度合い	低い	高い
緩やか	**上海** ・自然発生的なマーケット ・イノベーションを容認	**広州** ・技術主導型のマーケット ・イノベーションを追認
厳しい	**北京** ・レギュレーション主導型 ・イノベーションを支援	**深圳** ・積極的ガバナンス主導型 ・イノベーションを推進

（出所）　各種資料より著者作成。

を理解して、法制度を作ることによって、あるいは政策目標に掲げることによって推進したパターンです。

　中国の4つの都市での普及過程を眺めてみると、新しいサービスを提案する民間の事業者と規制を提案する政府との関係には、いくつかの組み合わせが存在することがわかります。**いずれの場合にも、社会経済システムにおけるサービスの存在価値を民間と政府が共有し、政府がこれを容認し、追認し、支援し、推進しています。**

　では、新しいサービスがブロックチェーンエコノミーをプラットフォームとして登場した場合には、どのようにしてルールが形成されていくのでしょうか。ある国において新しいサービスが考案され、それが各国に普及したときに、考案国において法制度が整備されたとします。考案国は、国際的なルールの形成においても主導権を握り、商慣習の決定において有利な立場を得るでしょう。政府は、新しいサービスを支援し、推進することができます。

これに対して、ブロックチェーンエコノミーをプラットフォームとして新しいサービスが海外で登場した場合にはどうでしょうか。この場合であっても、国内でサービスが提供された場合の課題と意義をいちはやく検討して、国内法のルールを規定することに成功した場合には、国際的なルール形成の対話に参加することができます。しかし、新しいサービスの受け入れに慎重になるあまり、国内法のルール形成に時間を要した場合はどうでしょうか。

新しいサービスを国内で受け入れる価値があるかを決定するのは政府の判断ですから、結果的に排除するという判断を下すのであれば問題はありません。しかし、海外に遅れてサービスの受け入れを決定した場合には、その国はフォロワーとしての立場にしかなれません。政府に残された選択肢は、すでに形成された国際ルールに則って、規制の解釈を緩めて容認するか、あるいは制度を変更して追認するかのいずれかです。

こうした現象は、あらゆるイノベーションが登場したときに経験されてきたことです。**しかし、ブロックチェーンエコノミーというプラットフォームにおいては、サービスを提供するレイヤーと、ルールのレイヤーとが不可分一体で稼働します。**そして、ルールの主導権を握った国は、決済サービスの選択においても決定権を握る可能性があるのです。それが、これまでのイノベーションとは異なるところです。

ブロックチェーンエコノミーという未知のプラットフォームを活用して、新・経済圏を開拓していくためには、それに見合った戦略が必要となってきます。社会経済システムを変革するようなアイデアを発案するだけでなく、それをプラットフォームに組み込んで主導権を握るまでのプロセスが重要となってきます。ブロックチェーンエコノミーの三層構造というのは、アイデアとルールを同時に設定する社会装置だといえるでしょう。

❹モバイル決済サービス

いま世界では、現金が姿を消すという社会現象が相次いで起こっています。上海の街角では、スマートフォンでＱＲコードを読み取って支払うモバイル決済サービスがすっかり定着しました。中華人民共和国のいくつかの主要都市では、こうした現象が顕著に起こっています。

アフリカではケニアのＭペサが圧倒的なシェアを占めています。ほかのアフリカ諸国ではＭペサに類したサービスの普及に時間がかかりましたが、最近になっていくつかの国でモバイル決済に成功の兆しがみえたと伝えられています。**贈与経済を基本とするアジア・アフリカ諸国では、送金に特化したモバイル決済サービスがやがて店舗での購入にも使われるように普及し**

ていきました。

欧州でもキャッシュレス化の進む国家があります。スウェーデンでは現金お断りの店が増え、国民が現金を持たなくなりました。その理由として、国土が広く自然環境が厳しいため現金の輸送コストが高いことなどがあげられています。銀行連合が提供するモバイル決済サービスが普及した背景には、購買履歴を把握されることに対する嫌悪感がないことなど、国民性や文化の違いが影響していることも考慮すべきでしょう。

こうした現象が日本で起こらないのは、長年の慣習や現金に親しむ文化など、あらゆる要因が寄与しています。個人間の転々流通ができず、容易には現金化できない電子マネーが現金に置き換わることはないでしょう。世界に冠たる電子マネー大国にまで成長したことが、皮肉なことに現金の温存に一役買っているとみることもできます。

それは決して不合理な現象ではなく、あえて現金を打ち捨てる必然性がないに過ぎません。社会が求める水準の便利さが、現金、電子マネー、クレジットカードなどの従来型システムによってみたされているのです。ただ、海外の状況を常にウォッチしておくことも大切です。いくつかの国では、モバイル決済サービスが急速な普及を見せていることも事実です。

各国で普及しているモバイル決済サービスには、通信会社、IT企業、銀行連合などのオペレーターが存在します。本書の定義でいう中央型仮想通貨に該当します。日本の電子マネーと

図表4-8　世界で急拡大するモバイル決済サービス

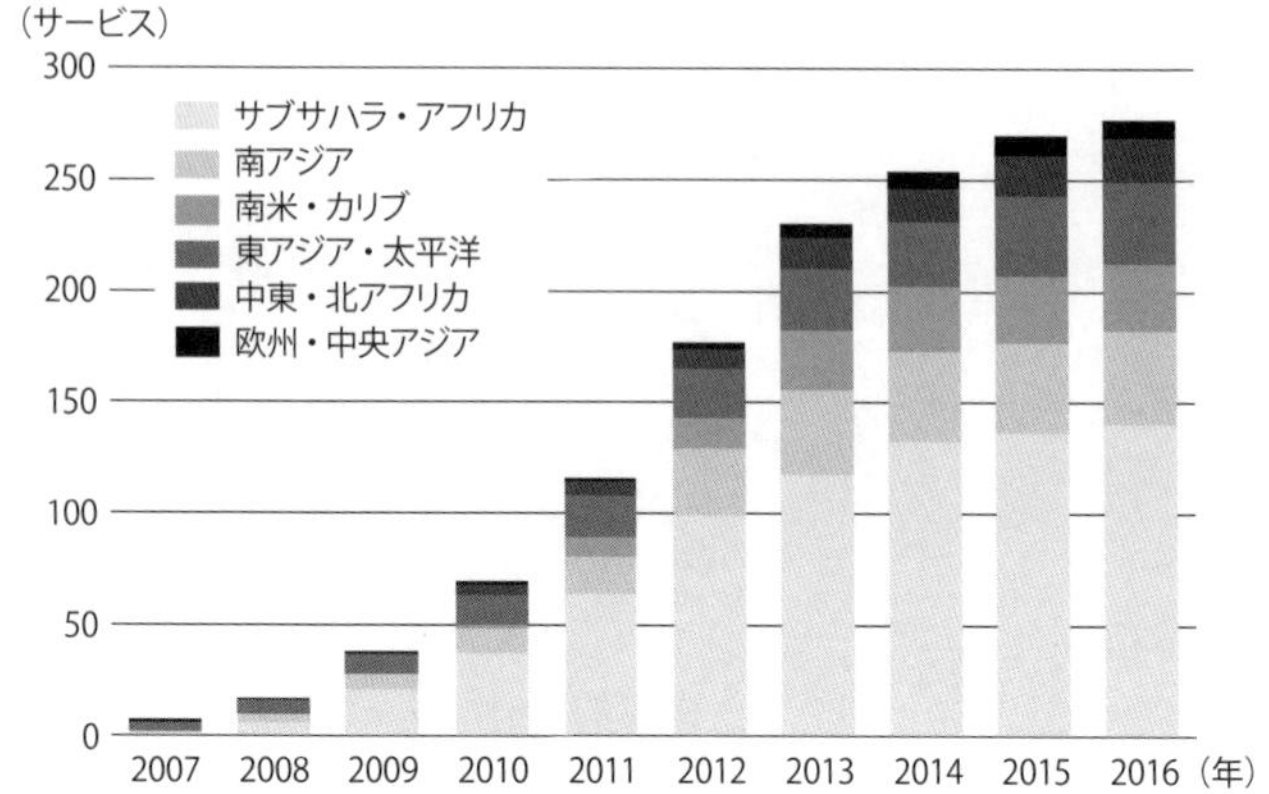

（出所）　GSMA（2017）*State of the Industry Report on Mobile Money.*

は異なり、転々流通性を持つことから、現金に近い性質を有しています。**利便性だけに着目するならば、モバイル決済サービスは、電子マネーよりも優位であるようにみえます。**

モバイル決済サービスが各国で普及しても、ただちに日本の市場を席巻するとは限りません。決済サービスのオペレーターであるためには、利用者を保護するだけの技術力と信用力を有すると認められる必要があるからです。海外のモバイル決済サービスが日本に進出しようとする際に、その技術力もしくは信用力に課題が見つかれば、市場への参入を拒否する余地があります。

海外で提供されているモバイル決済サービスの中には、日本の基準からみればオペレーターの信用力や技術力に疑問の付くものもあります。

それでも、こうした国々では、複数のサービスが市場で競争を行った結果として、キャッシュレスの感覚が広く定着しました。ここで、電子化された複数のサービスを1つに統合することは不可能ではありません。民間によって開拓された市場を、国家が官制のサービスによって巻き取ることさえも可能です。

モバイル決済サービスでキャッシュレス社会に慣れた利用者は、似たようなインターフェイスのデジタル通貨に移行します。それはまったく異なる性質のものですが、スマートフォンの操作としてはアプリを変更するに過ぎません。民間の事業者の時代に、国民番号や口座情報などのデータを政府に登録することを義務化していれば、何らの追加的な作業もなしにアプリを移すことができます。

海外で提供されているモバイル決済サービスは、日本からみれば無視できる存在です。それがデジタル通貨となると、ある国が発行する外国通貨ですから、無視するわけにもいかなくなります。これまでは、外国通貨というのは国外で通用する貨幣でした。それがモバイル決済サービスとなると、役割はそれだけにとどまりません。ブロックチェーンエコノミーの第一層に据えることもできます。

第一層に外国通貨が設定されると、第二層の支配権にも直結してきます。それでも、官制のデジタル通貨が民間のモバイル決済サービスと同じような構成であれば、影響の程度は限られます。ブロックチェーンエコノミーのサービス基盤としてのデジタル通貨を受け入れるかは選択の問題であるとして、国内での展開に慎重な姿勢をとる余地があるからです。

より重大な影響をもたらすのは、デジタル通貨がブロックチェーン技術で構成されていた場合です。法定のデジタル通貨は、ブロックチェーンエコノミーの土台として第一層と第二層を強固に結びつけます。第一層を法定のデジタル通貨が支配する設計のプラットフォームが、国際的にドミナントなサービス提供基盤となった場合には、これを受け入れない姿勢を貫くことは難しくなってきます。

ここで、デジタル通貨が許可型コンソーシアムチェーンで構成されていれば、国内法で対処する余地があります。実在性を認証された許可ノードを日本国内に設置して、国内向けのサービスを提供するためには、国内法に準拠する必要があるからです。これは、許可ノードと一般ノードから構成される、許可型パブリックチェーンで構成された場合にも該当します。

海外におけるデジタル通貨の登場は大きな脅威ですが、ここで想定したようなブロックチェーンが採用される限りにおいては、受け入れる側の国において主導権を維持することは可能だと思われます。

❺ビットエコノミーの覇権

前項では、民間のモバイル決済サービスがデジタル通貨に置き換わるストーリーを想定しました。そこには中心が存在していました。これに対して、より影響力が大きいのは、ブロックチェーンエコノミーの第一層が自由参加型パブリックチェーンで構成されるストーリーです。そのとき、何が起こるのでしょうか。

ビットコインのような自由参加型のブロックチェーンでは、プロジェクトの趣旨に賛同したノードが自然発生的に拡大していきます。いったん拡張のプロセスが始まると、国境や法の境界で堰き止めることはできません。あたかもウィルスが伝播するパンデミック現象のように、あっという間に世界を席巻するかもしれません。そうなってから対応を考えても、為す術はありません。

それはすでに、世界で利用されているプラットフォームとして完成しているのです。**その上で提供されるアプリケーションの1つとなった産業は、仮想の存在であるブロックチェーンエコノミーの上に活動の拠点を移すことになります。**これこそが、ビットエコノミーという新しい経済システムの本質です。

では、分散型仮想通貨がブロックチェーンエコノミーの第一層を占めるようなことは、本当に起こるのでしょうか。確かに、現状をみると、ビットコインのような分散型仮想通貨が決済インフラとして利用されるか甚だ疑問です。しかし、その代表格であるビットコインにも変化の動きはあります。

２０１７年にセグウィットという技巧的手法が実装されました。これによって、ライトニングネットワークという新しい社会装置が利用可能になりました。これは、契約当事者がビットコインのブロックチェーンから外に出て、オフチェーンにおいて契約行為を連続的に行うという技術です。

具体的には、ブロックチェーン上のお互いの共通口座に資金をデポジットし、その資金を使ってブロックチェーン外で決済をする仕組みです。**取引相手が不正を働いた場合には、不正を働いたユーザーの資金が全部没収されるというペナルティの仕組みが、巧妙なコントラクトによって実現されています。**

なぜこのようなコントラクトが可能になるかというと、やや技術的な解説になりますが、新しい決済をするときに、古い決済に使った秘密の値を交換しておきます。この秘密の値が、ペナルティの仕組みを実現する鍵になります。より詳細を知ろうとする方は、本章末「注」（４）で紹介する参考図書をご覧ください。

これまでは、ビットコインの上では嘘をつくことができないとしても、ビットコインのブロックチェーンの外で約束事をすれば、その約束が守られることを自律的に制御する仕組みはありませんでした。それがライトニングネットワークでは可能になったのです。お互いがテーブルの上にデポジットの資金を積み、嘘をつくと相手に資産を没収されるようなイメージです。

これまで、ビットコインには処理速度の制約があって、契約の実用には不向きだと考えられていました。ところが、オフチェーンであるライトニングネットワークの取引には量の制約がありません。**チェーンの外でありながら嘘をつけないという設計が正しく動作すれば、あらゆる約束事を実行できるプラットフォームが登場します。**

よくみると、ライトニングネットワークにおいては、ブロックチェーンエコノミーの第一層と第二層の関係が、すでに完成されていることに気が付きます。第一層のビットコインは決済インフラです。それと同時に、第二層のオフチェーン取引においてお互いが嘘をつくことができないように、契約関係の基礎となる環境を提供しています。これは、第三層を規律する法制度がブロックチェーンによって執行される可能性を示唆します。契約の効力が自律的に守られる時代がやってくるのです。

ライトニングネットワークが設計どおり作動すれば、相手をだますと損をするという、パレート最適が支配する契約環境が準備されます。こうして、第一層の仮想通貨、第二層の経済プラットフォーム、第三層の法制度という3つのレイヤーが自律的に稼働したときに、ビットエコノミーという新・経済圏が誕生するのです。

第5節

銀行発行コインの存在意義とは

日本では、銀行が「コイン」を発行する動きがみられます。これは、分類上は端末電子マネーに該当する場合と、中央型仮想通貨に該当する場合があります。仮に、中央銀行が発行するデジタル通貨を商業銀行が引き受けて流通させる場合には、法定通貨に該当します。このような銀行発行コインは、これまでの電子マネーや仮想通貨とは何が異なるのでしょうか。また、どのような存在意義があるのでしょうか。

銀行がコインを発行することについては、現行法の解釈でどこまで認められるかという問題が生じます。ここでは、法的な制約については考慮せず、考えられる組み合わせとその意味について、順を追って考察しましょう。

❶銀行発行の電子マネー

銀行が端末電子マネーの性質を有するコインを発行するというのは、どのような発行形態のことを指すのでしょうか。典型例として、次のような構成が考えられます。預金口座を持つ顧客に対して、Ａ銀行がモバイルアプリを配布します。モバイルアプリをスマートフォンに搭載した顧客は、オンラインバンキングの操作として、預金口座の残高の一部を、モバイルウォレットに移動させます。これを、Ａコインと呼ぶことにします。

Ａコインを利用できる場所は、Ａ銀行と加盟店契約を結んだ実店舗とバーチャル店舗です。モバイルウォレットを使って、物品やサービスを購入することができます。**ただし、分類上は電子マネーですから、顧客間の送金アプリとしては利用できません。顧客と店舗という区別がはっきりと存在していて、顧客が店舗でＡコインを支払に利用するという使い方に限定されています。**

Ａコインの技術としては、日本方式の非接触ＩＣカードに使われている技術、国際標準の非接触ＩＣカードに使われている技術など、タッチして支払う現在の電子マネーのような方法が考えられます。このほかに、海外で普及しているような、モバイル端末の画面上にＱＲコードを表示して、これを店舗側の端末で読み取るという方式も考えられます。

銀行がＡコインを発行することで、顧客や店舗にどのようなメリットがあるのでしょうか。作り方によっては、電子マネーの種類が１つ増えたというのみで、あまり歓迎されないかもしれません。古くは、ドイツのゲルトカルテ、フランスのモネオなど、銀行連合によって構想された電子マネーが存在しました。これらは、接触ICカードの時代であったため、タッチして支払うという便利さのなかったことが普及を妨げる原因の1つでした。

銀行連合の発行した電子マネーが普及しなかったことには、ほかにも理由がありました。**リテール決済の現場には、クレジットカード業界や小売業界が長年の経験で培ってきたノウハウが蓄積されています。**それらは現場で共有されている暗黙知であって、マニュアル化された経験知ではありません。銀行連合が発行した電子マネーは、大規模な発行枚数を誇りながらも、小売業の現場では歓迎されなかったのです。

加盟店にとって負担に感じられたのは、専用端末を購入する費用負担と設置場所が必要であることでした。また、顧客が店舗で利用してから、店舗の預金口座へ入金されるまでの期間が、これまでのクレジットカードやデビットカードよりも長かったことも不満の原因でした。一方、顧客にとって負担に感じられたのは、高機能な電子マネー対応カードへ移行する手続きが煩瑣であることと、その費用を支払う必要があったことです。こうした不備が重なって、当時の電子マネーがひろく受け入れられることはありませんでした。

こうした見方に対しては、現在の技術では電子マネーの利便性が高まるため、過去の経験を繰り返す心配はないとみる考え方もあるでしょう。確かに、ゲルトカルテやモネオは接触ICカードでしたから、現在のクレジットカードのように決済手続きには時間がかかります。日本で普及している電子マネーはタッチして支払うことができる非接触ＩＣカードですから、そのような手間はかかりません。

ところが、日本では非接触ＩＣカード型の電子マネーがすでに普及しています。この技術をスマートフォンに搭載したモバイル電子マネーもすでに存在しています。それらと同じ技術を使って銀行がＡコインを発行すると、また新しい電子マネーが登場したのかと受け止められるでしょう。**すなわち、既存の電子マネーと同じ技術を使うのであれば、銀行が発行者となる特有の意義はないわけです。**

Ａコインの利用範囲が十分に広がった場合には、汎用性を備えた決済手段として、電子マネーの機能を提供することはできます。しかし、特定の企業グループだけで利用できるようにするなど、ユーザーの囲い込みを意識して利用範囲を制限した場合には、汎用性を備えない決済手段となります。この場合には、電子マネーよりは企業内通貨に近づくことになり、属性としてはゲーム内通貨や企業ポイントに近いといえるでしょう。

ここまでみてきたところによると、銀行発行のＡコインが存在意義を発揮するためには、これまでの電子マネーにはなかった何らかの真新しい役割を表現する必要があります。今のところ決定的な新機能というのは見つかっておらず、既存の電子マネーの種類が増えたとみなされるか、あるいは電子マネーには至らない企業ポイントが発行されることになりそうです。

❷銀行発行の仮想通貨

それでは、銀行が仮想通貨を発行する場合はどうでしょうか。発行者の存在する仮想通貨ですから、中央型仮想通貨の一種です。分散型仮想通貨には信頼の対象が存在しませんが、中央型仮想通貨には信頼の対象としての企業が存在しています。**このとき、仮想通貨としての信頼がどの程度であるかは、発行する企業の信用と、使用されている技術の信頼度に依存します。**

従来の金融システムに信頼を寄せる利用者にとっては、技術を持っている企業が発行した仮想通貨よりも、金融システムを担ってきた商業銀行の発行する仮想通貨のほうが信頼できるかもしれません。そのような利用者層が存在するのであれば、銀行が仮想通貨を発行することには意味があります。しかし、発行主体の信用と技術力への信頼との兼ね合いで仮想通貨が選ばれるのであれば、技術を持つ企業の発行する仮想通貨が選ばれる可能性も残されています。

そうであれば、銀行が仮想通貨を発行することには、何らかの特別な機能がなければ意味がありません。では、銀行でなければ発行できない仮想通貨というのは、どのようなものでしょうか。銀行にしか与えられていない機能の1つが、信用創造の力です。伝統的に銀行は顧客から預金を受け入れて、事業者に対して融資を行うことを基本としています。このとき、銀行は預金の残高よりも多くの金額を、融資先に貸し出すことができます。この差額が銀行に与えられた信用創造の権限です。

現在のところ、信用創造の権限というのは、銀行業だけに与えられた特権です。この前提が変わらないのであれば、銀行はこの権能を活用することによって、銀行特有の仮想通貨を発行することができます。すなわち、融資先である事業者に対して、手形や小切手の振出、もしくは預金口座への振込によって融資するのではなく、仮想通貨を送付する形をとります。この仮想通貨を、Bコインと呼ぶことにします。

銀行がBコインを発行する量には、何らかの制限が設けられます。**その量は、銀行が信用創造を認められている金額に応じて設定することになるでしょう。すなわち、融資先に貸し出す金額の全部または一部を仮想通貨に置き換えるわけです。**では、このようなBコインは、これまでの銀行のサービスと何が異なるのでしょうか。

仮想通貨であるBコインは、個人間の転々流通が予定されています。銀行と取引関係のある企業は融資の形でBコインを受け取ります。銀行に口座を保有する個人顧客はモバイルアプリなどを利用して預金残高の一部をBコインに変換します。ここで、銀行預金とBコインの法的性質がどう異なるのかは慎重な検討を要することになりますが、ここではその議論には立ち入らないことにします。

Bコインをモバイルウォレットに充填した個人顧客は、Bコインの利用できる実店舗やバーチャル店舗で商品やサービスの購入にBコインを利用することができます。これだけであれば、電子マネーのAコインと変わりません。**Bコインは仮想通貨ですから、個人間の送金にも利用することができます。**個人間の送金としてよく引き合いに出される例が飲食代金の割り勘です。こうした場面でも、Bコインを立て替えた人に送金することで割り勘を帳消しにすることができます。ただし、これらは電子マネーのAコインでも技術的には可能であったことです。個人間における残高の移転をロックしていたから利用できなかったのであって、技術的にできなかったのではありません。その意味においては、Bコインの個人間送金の機能は真新しいものではありません。

事業者間においては、Bコインを仕入れ代金の支払に使うことができます。これ自体も、口座間の資金移動で表現できることであって、Bコインに特有の機能ではありません。また、電子マネーのAコインであっても、個人間や企業間での移転も技術的には可能でしたから、制度的に新しいのであって技術的に真新しいものではありません。このようにみてくると、銀行発行の仮想通貨であるBコインというのは、これまでにない機能を提供しているとはいえません。

銀行でなければ実現できない技術ではなくても、銀行であることが有利に働く場面というのは想定できます。**例えば、個人間や企業間の送金サービスを運用するためには、マネー・ロンダリングを防ぐための本人確認の義務や、疑わしい取引を検知した場合には報告する義務などが課せられます。**これらを新規に参入した企業が行うのは困難ですが、銀行はこうした義務を本務として行っていますから、新たに大きな作業が加わるわけではありません。このように、個人間の送金を扱う主体としては、銀行は有利な位置にあることは確かです。それでも、新規に参入したＩＴ企業が技術力で後発の不利をカバーすることは十分に考えられます。

こうしてみてくると、汎用性のある決済手段であって、個人間の転々流通性を備えた中央型仮想通貨を銀行が発行することの意義というのは、これまで電子マネーが主流であった日本において大規模な仮想通貨を発行する試みとしては意義がありますが、銀行が主体となることに必然性が認められるかは疑問が残ります。ただし、銀行が有利な地位にあることは間違いないので、何らかの固有の機能を見出すことができるかが成否を分けることになるでしょう。それが何であるのかは、次のデジタル通貨に関する考察とあわせてみていくことにします。

❸デジタル通貨の銀行流通

次に考えられるのは、中央銀行がデジタル通貨を発行している場合に、商業銀行が個人や企業との間に入って、流通を補助するというパターンです。このとき、中央銀行が発行しているデジタル通貨のことを、Ｃコインと呼ぶことにします。

Ｃコインは法定通貨ですから、中央銀行本店から支店を経て商業銀行に輸送される紙幣と同じように、中央銀行が発行して商業銀行に配送されることになります。ただし、物理的に輸送するのではなく、電子的に配送することになりますから、輸送形態はこれまでと大きく異なります。デジタル通貨がブロックチェーン技術によって構成されている場合を想定しましょう。

仮に、中央銀行が特権ノードとして位置する許可型コンソーシアムチェーンにおいて、許可ノードとして商業銀行が複数参加していたとします。商業銀行の許可ノードはブロックチェーンにおけるすべての取引が正しく記録されていることを検証し、最新のブロックが正しく生成されたことを検証する役割を担います。また、ブロックチェーンのノードの1つとして、取引データを受け渡す役割をも担います。

特権ノードである中央銀行がデジタル通貨としてCコインを発行したのち、特権ノードは許可ノードである商業銀行に一定額を送金します。その金額の上限は、商業銀行が中央銀行に保有する中銀当座預金のうちの一定割合として決定すればよいでしょう。Cコインを受け取った商業銀行は、これらを現金の代わりに顧客に提供することもできますし、融資の手段として送金することもできます。個人または企業の顧客はノードとしてブロックチェーンに参加するのではなく、ウォレットを持つユーザーとして参加すれば足ります。

こうしてみると、Cコインの役割というのは、現金または預金が果たしていた機能をあえてブロックチェーンで表現して、これらをデジタル通貨の移転という形式に置き換えるものです。

これまでの金融システムに比べて、ブロックチェーンが格段に効率的であって使いやすいといった特性が見つかれば、移行する価値があります。しかし、これまでに実現できていた機能を単に置き換えるだけであれば、その効果は限定的です。

果たして、デジタル通貨を中央銀行と商業銀行が協調して発行・流通させるCコインには存在意義はあるのでしょうか。おそらく、これを読み解く鍵は、ブロックチェーンエコノミーの構造の中に隠されています。デジタル通貨は国内では統一通貨としての機能を持ちますから、複数の商業銀行が個別に発行するのではなく、単位としては一個のものです。それがブロックチェーンエコノミーの第一層に位置したときには、強固な土台として機能します。

その一方で、第二層のビジネスプロトコルは、国家がこれを描くのではなく、企業が主導すべき領域です。ここにおいて、主導的な地位にある企業というのは、第一層とかかわりを持つ銀行であるかもしれませんし、ブロックチェーンという技術を理解するIT企業であるかもしれません。あるいは、ある領域のビジネスプロトコルを共有する企業群が主導することもあるでしょう。いずれの場合でも、民間において柔軟な合従連衡を試みながらコンソーシアムが組まれることになります。こうして形成されるビジネスプロトコルはブロックチェーンエコノミーの第二層として企業活動を自律的にコントロールします。

さて、デジタル通貨がブロックチェーンエコノミーの第一層に設定された場合には、第三層の法制度のレイヤーと相まって、国家の枠組みの範囲内でルールが形成されることになります。

これに対して、ブロックチェーンは自由参加型を基本とすべきであり、多数の自由ノードが参加する場合にこそ新しい変化が起こるという見方もあるでしょう。両者が思い描くブロックチェーンエコノミーの世界観は異なりますが、それぞれが実現しようとする経済システムが適用領域を異にしながら共存することとなるでしょう。

ところで、ブロックチェーンエコノミーの第一層にデジタル通貨のCコインを設定する代わりに、商業銀行が発行するBコインを設定することもできます。この場合には、第二層のビジネスプロトコルを主導するのは発行主体である銀行です。第三層の法制度との調整を行う役割も引き受けることになるでしょう。このように、Cコインを例にして考察したことは、Bコインにもあてはまります。

ただし、Bコインが独自の通貨単位を持っていて、法定通貨との交換レートが変動する場合には、その限りではありません。**Bコインを通用する貨幣に代替するものとして利用するためには、法定通貨との交換レートが固定もしくは固定に近い状態であることが前提となります。**そのためには、価格変動を抑えるスタビライザーを組み込むことが必要となります。具体的にどのような方法があるのかは、今後の検討課題として残されています。

❹分散と集中の合間に

これまで、ブロックチェーンエコノミーが三層構造であることを前提として、その覇権争いについて考察してきました。こういった議論では、ビットコインのような分散型仮想通貨にこそ意味があると考える立場と、ブロックチェーンという仕組みにこそ将来性があると考える立場とに分かれることが通例です。あるいは、仮想通貨には貨幣に代替するような性能は備わっておらず、かつ、ブロックチェーンには産業の基盤となる性能は備わっていないとする見方も存在します。ここでは、両方を否定する見方はいったん置いて、いずれか一方に可能性を見出す見解について比較してみましょう。

ビットコインのような分散型仮想通貨にこそ意味があるとする見方は、ヒトの存在を可及的に排除した自律性に価値を見出すものです。ブロックチェーンエコノミーの三層構造の第一層に分散型仮想通貨が設定されると、国境を意識することなく無制約に経済圏が拡がる可能性があります。これを本書ではビットエコノミーと名付けました。

ビットエコノミーの対極にあるのが、銀行発行コインあるいはデジタル通貨を第一層に設定したタイプのブロックチェーンエコノミーです。こうした中央集権型の決済システムを第一層に置いたときに、第二層をブロックチェーンで構成する必要はなく、むしろ古典的な集権型のシステムを設計したほうがよいとする見方もあるでしょう。

これに対して、第一層にあえてデジタル通貨を設定しながら、第二層をブロックチェーンで構成して、集権的なブロックチェーンエコノミーを構築するという選択もあります。これは、ビットエコノミーのような分散型の経済システムに対するアンチテーゼです。すなわち、ビットエコノミーのような権力不在の経済システムが登場することを防ぐために、あえて類似の構造を持ったブロックチェーンエコノミーを集権的に構築するのです。

ある国家がこうした集権的なブロックチェーンエコノミーを構築することの目的は、ビットエコノミーのような分散的な経済システムが湧きあがろうとする力を抑え込み、あるいはエネルギーを巧みに利用して、集権的な構造をより強固なものにすることです。銀行コインのような集権的なプレーヤーが登場するのも、同じような意味合いを持ちます。

かつて同じようなことがありました。インターネットを構想する「銀河間コンピューターネットワークのメンバーおよび関係者へのメモ」をJ・C・R・リックライダーが執筆したのは1963年のことでした。その頃からインターネットは自律分散の独立した仕組みであることを最大の特徴としていました。リックライダーのメモには、次のように書かれていました。「官僚的で権威主義的な管理から切り離されている。すべてが公開されており、誰でも自由に利用することができ、シンプルな設計である」と。

その後の歴史をみると、インターネットには秩序がもたらされ、やがて経済システムの基盤として成立しました。**そこにおいて、秩序と自由とは相反する関係にありました。完全なる自由をとるよりも、秩序のもとに経済システムが成立したのです。**そして今、同じ歴史が繰り返されようとしています。

デジタル通貨を第一層に設定することによって、集権的なブロックチェーンエコノミーを構築することができます。それは、経済システムに秩序をもたらし、第三層の法律のレイヤーと相まって、国家を信頼の根源とした社会システムを表現することができます。これに対して、ビットエコノミーには信頼の根拠となる中心が存在していません。

信頼点を置かずに経済システムの秩序を創出することが、分散を指向するビットエコノミーに与えられた使命です。これと対峙するのが、集権的であって秩序のあるブロックチェーンエコノミーです。どちらも、分散的であるからこそ強固である、集権的であることが正統性の根拠であるとして、自己が有利であると考えています。

このとき、正と反の間には、合が起こります。相手を取り込むことによって、正が反をよく制すると考えるとき、似て非なるものがつながることがあります。**集権的なブロックチェーンエコノミーの面白さは、分権的なビットエコノミーとつながることにあります。それは、正が反を飲み込もうとする動きです。**しかし、反が正を飲み込むこともあります。結果として、合がどちらに転ぶのかは、当事者であっても予測することはできません。

いま、ブロックチェーンに関心を持つコミュニティーの中で起こっているのは、正と反とが互いの意見を論証して、その対話の中から合を見出そうとする過程です。本書はどちらかの立場に与《くみ》するものではありません。むしろ、正の立場と反の立場の双方において、自己の論拠を再確認するきっかけを得て、反する立場の論拠を読み解くためのヒントを得て、ひいては合をよく見出すための材料となることを指向しています。

こうした対話の手法は、ソクラテスの時代から続くものとして、アカデミアには現存しています。米国電気電子学会ＩＥＥＥ（アイ・トリプル・イー）には、ソーシャル・インプリケーション・オブ・テクノロジーという領域があります。和名は「技術の社会との関わり合いソサイエティ」です。ある年、この学問領域のシンポジウムがメルボルンで開催されたとき、二人の学者が登壇しました。

一人は歴史学および哲学の研究者であって、革ブーツにレザージャケットという、クロコダイル狩りにでも出かけられそうなスタイルです。もう一人は、学会の領域プレジデントであって、メルボルン大学の研究者としての身分とメルボルンの銀行員の肩書を併せ持つ方で、正統派のスーツ姿で登壇しました。**二人の研究者が繰り広げたのは、ソクラテスメソッドによる対話でした。**ある技術の社会的な含意について両者が意見を述べ、聴衆がそれを聞いて理解を深めていくという稀代の発表でした。

スタイルも持論も異なる二人は、対峙するのではなく聴衆のほうを向き、一人が自説の論拠を説明し終えると、他方が自説の論拠を説明するということを繰り返していきます。それはあたかも、日本の演芸にみられる掛け合いのような姿でした。願わくば、お二方にブロックチェーンを対話してもらいたいものです。ブロックチェーンというテーマは、技術の社会的な含意を語るにふさわしい論題です。

登壇した二人の研究者のお一方は、IEEEに新たに設置されたブロックチェーンに関するスペシャル・インタレスト・グループの主査に就任されました。その方とは、メルボルン大学栄誉教授であるグレッグ・アダムソン博士です。数々の技術が社会に受容される過程に関わってきたアダムソン博士が、さまざまな意見の飛び交うブロックチェーンのコミュニティーをよく導かれることに期待したいと思います。

注

（1）第4章第1節における「分類論」について。
本節における分類論は、次の文献における議論を発展させたものです。

岡田仁志［２０１６］「ブロックチェインの分類に関する一考察」『ＩＴＵジャーナル』9月号。

ここで紹介した分類と図版は、次のスライド資料から引用しました。原典の資料は、スライドシェアのページにアップされています。

山﨑重一郎［２０１６］『ＦｉｎＴｅｃｈと金融サービスの将来像』（ふくおかクラウドアライアンスセミナー）

https://www.slideshare.net/11ro_yamasaki/

（２）第4章第2節における「ユースケース」について。

本節における議論は、次の報告書に依拠しています。

経済産業省［２０１６］『ブロックチェーン技術を利用したサービスに関する国内外動向調査』。報告書の概要および本文については、経済産業省のホームページで公開されています。

（３）第4章第2節における「登記」に関する議論について。

本節における議論は、次の寄稿文を発展させたものです。

岡田仁志［２０１７］「ブロックチェーンが変える不動産登記の未来」『月報司法書士』8月号（No.546）（特集：司法書士が抱える危険と対策）。

（４）第4章第3節・第4節における「ブロックチェーンエコノミー」に関する議論について。

ここで紹介した分類と図版は、次のスライド資料から引用しました。原典の資料は、スライドシェアのページにアップされています。

山﨑重一郎［２０１７］『ブロックチェーン・エコノミーを志向するユースケースとエコシステムの知見蓄積のための組織』（福岡ブロックチェーンエコノミー勉強会公開セミナー）

https://www.slideshare.net/11ro_yamasaki/

（５）第４章第５節における「ソクラテスメソッド」の実践について。

二人の研究者がソクラテスメソッドによる名講義を行ったのは、オーストラリア南東部の旧鉱山町に佇むウォロンゴン大学において２０１０年に開催された、ＩＳＴＡＳ（イスタス）という国際会議でした。演題は、ア・クリティーク・オブ・プライバシーでしたから、プライバシー批評とでも訳されるでしょう。マイケル・アーノルド博士はジーンズ姿で、グレッグ・アダムソン博士はスーツ姿で登壇されました。

Michael Arnold and Greg Adamson［2010］*A Critique of Privacy*, ISTAS 2010 IEEE International Symposium.

http://ieeexplore.ieee.org/document/5514612/

Bitcoin & Blockchain

第5章

仮想通貨は貨幣なのか

いったい貨幣を成立させるものは何なのでしょうか。金の採掘のような稀少性でしょうか。国王の肖像が刻印されているという権威性でしょうか。あるいは、国家が法律でそれを通用する貨幣であると決定したからでしょうか。貨幣という存在を説明するために、あらゆるロジックが使われてきました。

古代から貨幣の歴史というのは謎の連続でした。大君の権威をもってしても貨幣が流通しないことがあったかと思えば、滅亡した王朝の古銭が立派に流通する貨幣として受け入れられたこともあります。領地を所有することが富であった時代が、あるときを境として、金属片の貨幣を持つことが富である時代に取って代わられることもありました。

なぜ文字と肖像画の描かれた紙片は流通する貨幣として受容されたのでしょう。さほどの重みを持たない紙片のどこに金銭的価値が宿るのでしょうか。

およそ貨幣というのは、幣《ぬさ》という文字にも象徴されるように、多分に文化的な意味合いを持ちます。そのヒントを探すために、台湾の道教寺院に手がかりを求めます。その国の文化と歴史を背景として、貨幣という抽象的な約束事が成り立つための条件は何かを考えます。そして、仮想通貨という抽象的な媒体に対して、貨幣という抽象的な約束事が成立することがありうるのか考察します。

第1節 貨幣を成立させるものは何か

❶「化体」という概念

ある有体物が貨幣らしくみえるというのは、ある有体物がただの物《ぶつ》には見えていないということです。それはもはや物ではなく、何らかの価値をまとった不可思議なものに変化《へんげ》しています。

このような状態になっていることを表すための概念として、「化体《けたい》」という言葉が存在します。そこで、化体という概念に着目しながら、貨幣らしさとは何かを探ってみることにしましょう。

さて、化体とは何でしょうか。貨幣の本質を論じる際にはよく、価値の化体という概念を持ち出すことがあります。**ここでいう化体という言葉は、使われる文脈によって意味の異なるやや多義的な概念のようですが、おおよそ次のような定義で使われています。すなわち、「形而上的な価値が有体物に固着すること」と。**

この化体という概念は、有体物である紙片や木片などが何らかの象徴的な意味を持つあらゆる現象を説明するのに役立ちます。例えば、遺跡から出土する木簡には官職が書かれていることがありますが、ここである人物の姓名と朝臣《あそん》という官職を筆書きで記した木簡というのは、単なる木片ではなくて、国家権力の一部分を担うことが象徴的に示されています。仮に、当時の人たちの感覚として、こうした木簡に畏怖の念を覚えるのであれば、その木簡には朝廷の権威の一片が化体していると見なすことができます。このとき、木片はもはや木という物ではなく、社会的な価値をまとった重みのある存在です。

これと同じようなことが、貨幣という社会的存在にもあてはまります。日本で最初に鋳造された金属貨幣は、朝廷の意向にもかかわらず流通には乗らなかったと伝えられています。これは、金銭的価値という形而上的な概念が金属片という有体物に化体するという現象が、当時の人々の感覚として成り立っていなかったことを示唆します。

この事実が示唆するもう1つの合意は、ある文字が刻まれた金属片を貨幣と見なすという決まり事が詔として発せられたとしても、人々がそこに価値が化体していると見なさない限りは、それが貨幣として受け入れられることは難しいということです。それは、国家の裏付けが存在している場合であっても、それが貨幣として通用するとは限らないことを意味します。すなわち、貨幣が貨幣として流通するためには、国家の裏付けの存在が必須であるとは限らないことを如実に物語っています。

ここで、金属片に金銭的な価値が乗り移って化体という状態に置かれるためには、ある様式を備えた金属片が貨幣として受け入れられるという、慣習法の成立が不可欠とされます。多数の総意がなければ化体という現象は起こりません。**人々が金属片を貨幣として無条件に受け入れたときに、はじめて金属片が流通する貨幣としての意味を持つようになるのです。**

そのためには、人々が無意識にそれを貨幣として受け入れる仕掛けが必要です。例えば、金属片がある種の様式美を備えていることには意味があって、それによって大王の権威が金属片に映し込まれていることが無意識に伝わるのです。

その象徴とは、古代ギリシャのコインにおいては、神話に登場する生き物の刻印でした。中国の鋳造銭においては、幾何学的に整えられた円形の姿と中心にある正方形の方孔であり、多くの場合に4つの文字が鮮明に浮かんでいることでした。現代日本の紙幣には、肖像画を立体的に表現する凹版印刷の技術が使われています。この技術を伝承する工芸官なくしては新たな紙幣の発行はなしえません。その技はまさに芸術の域であって、国家の権威を技術として注ぎ込んだものです。

故宮博物館が単なる展示の場ではなく、国家の権威を象徴する場であるように、貨幣という技巧品に込められた技術の粋は、その国が持つ文化の力の象徴です。民族が共有する国づくりの神話や、それを権力の源泉として存在する王朝の権威を、職人の技をもって様式美にまで高めた貨幣は、そこに金銭的価値が化体していると人々に訴えかける力を持っていました。
本章では、日本における貨幣成立の歴史を振り返ることで、化体が実現する条件を読み解き、貨幣らしさとは何かを考察します。

❷古代貨幣に見る化体

古代日本においては、租庸調を税の支払手段とする律令制に基づき、米や絹布などの商品を交換の媒体とする時代が続きました。これらは市場において価値のある現物商品を交換の媒体とする商品貨幣ですから、金銭的価値が化体しているのではなく、物々交換の媒介もしくは計算単位として国が指定したものでした。租庸調は封建律令によって作り出された人為的な制度でしたが、商品貨幣の流通は商慣習としても広く普及していました。

この時代に、朝廷が中国の貨幣制度に倣って鋳造したのが、和同開珎《わどうかいちん》にはじまる皇朝十二銭でした。**それは商品貨幣とは異なり、金属本体の価値を交換するのではなく、朝廷が法律で決定した額面の価値において流通するものです。これを名目貨幣と呼びます。**それまでに存在した私鋳銭にみられるように、金属そのものの価値を量る商品貨幣の一種として金属片を流通させるのは、それほど難しいことではありません。これを秤量貨幣と呼びます。米や絹布に比べて運搬と保存に適しており、価値交換と価値保蔵の機能に優れていました。

ところが、秤量貨幣から名目貨幣への転換は、朝廷の詔をもってしても容易には成しえませんでした。当時の皇朝銭は中国の貨幣制度の模倣でしたが、鋳造技術においては相当の差がありました。それ以前に存在した富本銭《ふほんせん》と比べると、中国の貨幣に近いものを志向しているものの、中国の貨幣のごとき様式美を備えるまでには至らなかったのです。それは、素材とする金属の配合の違いであり、鋳造に使われる型の完成度の違いであり、刻まれた文字の鮮明さの違いでした。

商品貨幣が支配的である時代には、貨幣を構成する金属の質が低いことは、名目価値よりも実物価値で交換しようとする商慣習を招きます。また、名目価値の強制を全国に徹底するほどの広域的な法執行機関も存在しませんでした。結局のところ、皇朝銭は様式美において中国の貨幣と並ぶことはなく、私鋳銭との競争においても優位にあるとは限らなかったのです。その流れは、朝廷における祭事や蓄銭叙位令などの政策によっても変わりません。そうして和同開珎にはじまる皇朝十二銭は、ついに発行を終えたのです。

皇朝十二銭の史実は、貨幣が貨幣として成立するためには、その金属片に価値が化体していると国民が無条件に理解することが大切であることを物語ります。そのような状態に至ることは、国家の力をもってしても容易ではないことがわかります。金属片に価値が化体するためには、朝廷の権威を無意識に受け入れるほどの品質と技巧が要求されるのです。この時代に中国の貨幣制度を導入した朝廷は、こうした困難に直面しました。

さて、皇朝十二銭の時代が終焉を迎えたのち、時代は商品貨幣へと逆戻りします。これで日本には名目貨幣が流通しないかに思われました。そこに変革をもたらしたのが平清盛による日宋貿易の推進でした。北宋の後は南宋との貿易を続けた日本に対して、貿易の対価として送られてきたのは主に北宋の貨幣でした。北宋が発行する銅銭は、元号の変遷のたびに鋳造され、日本には28種類ほどが輸出されていました。**浙江省の港から積み出される際に、銅銭1000枚を針金や紐で結んだ「銭一貫」を作成する職人が、28種類ほどの北宋銭を一定の比率から成るように混ぜ、これに少数の唐銭と南宋銭を加えて取引単位としての「銭一貫」を作り上げたのです。**さらに日本の港に到着すると、今度は日本の職人が「銭一貫」をばらし、藁縄などを通して100枚を単位とする「サシ（差銭）」へ組み直しました。その際に、北宋銭等の配合比率は、一定の範囲で維持されたとみられています。

この方式は、私鋳銭による模倣を困難にする仕組みとみることもできます。バラ銭として流通に置くことは、せっかくの様式美を失わせます。南宋から輸入された北宋銭は、価値交換機能よりも、むしろ価値保蔵機能に適していたといえます。さて、ここで貨幣らしさを考察するという本題に戻りましょう。北宋銭には、金銭的価値が化体していたといえるのでしょうか。

この一束の銅銭は、北宋における鋳造に始まり、南宋において一定比率で構成され、日本における組み直しを経て、やがて流通に置かれました。**北宋銭を一定の比率で配合して100枚を一束として定型化した「サシ」と呼ばれる日本固有の流通単位は、正当な取次業者を経由したことを推定させるシグナルとしての意味を持ちます。**そこに一定の様式美を見出して、「サシ」という流通単位が慣習法として受容されていたならば、貨幣的価値が化体していたとみることができます。

❸滅亡王朝に見る化体

北宋銭が日本において貨幣としての地位を得たことは、国家が発行するものが貨幣であるとは限らないことを史実に刻んでいます。日本国が発行した貨幣ではなく、日本とは交流のない北宋の銅貨でありながら、それが日本で貨幣として流通したというのは興味深い事実です。

中国の王朝には栄枯盛衰があり、繁栄した宋王朝もやがて衰退します。日本における宋銭の流通は、中国における王朝の交代とは連動しません。宋王朝が滅亡しても、ただ金属片だけは貨幣として世の中を流通し続けました。宋銭という金属片には一体なにが「化体」しているのでしょうか。鋳造された当時は、天命を承けた皇帝の権威が籠められていたことでしょう。だが時代を経て易姓は改まり、王朝はもはやこの世に存在しません。自らの権威の源泉を失った宋銭がその金属片に映し込むものは何でしょう。

この頃、南宋ではすでに紙幣が流通しており、北宋の貨幣に対する需要は高いとはいえません。すると、南宋では貨幣とは見なされていない不用品を輸出して、輸入した側ではそれを貨幣と見なしていたことになります。このことは、金属片に金銭的価値が化体するという状況が起きる条件というのは、場所や時代によって相対的であって、同じ様式美を備えていても民族や文化によって受け止め方が変わることを物語ります。

日本において北宋銭が貨幣としての意味を持ちえた背景には、貨幣を貨幣として成り立たせるあらゆる工夫がありました。**28種類ほどの北宋銭を100枚あたり1束のサシという単位で扱うという商慣習を確立したことは、金属片の塊に価値が化体していると思わせるための様式美を補強し、サシという混合単位の偽造が1枚単位の偽造よりも困難であることから、改ざん困難性としての機能をも備えています。**これは、作業量を増やして改ざんを困難にするという現代の開発思想にも通じるところがあります。

近年の電子マネーの普及においても、貨幣らしさを表現するための様式美の追究と改ざん困難性の実現とは、しばしば両立しながらデザインされてきました。例えば、非接触ＩＣカードはミルフィーユのような層構造になっていて、間に挟まれているチップ回路を取り出すことは困難です。チップを外から確認できないＩＣカードはデザインとして斬新であり、表層の絵柄を自由に描くことができ、裏面の注意事項を書き込むスペースも確保できます。**このように、**

技術の革新と様式美の追究には共通するものがあって、時としてエンジニアは美にこだわって技術を開発します。

このことは、最も新しい貨幣であるところの、分散型仮想通貨にもおそらく妥当します。地球上で発生した取引の記録をブロックという様式美に変換して記録する過程と、これによって改ざん困難性が付与されることが、技術的な跳躍によって巧妙に表現されています。そこには、一定の様式美が見出されます。

人類が何らかの技巧に貨幣としての信認を与えるときには、時代を超えた共通点が見出されるのではないでしょうか。それは国家の裏付けの存在といった制度ではなく、より直感的に貨幣としての実存を伝えるものです。それを知るための手がかりは、その国の文化や慣習法の中に隠されています。

第2節

貨幣という実存の抽象化

❶仮想通貨に見る化体

これまでみてきたところによれば、貨幣は次のような性質を持つと思われます。

貨幣とは、金銭的な価値という形而上の概念が金属片などの有体物に「化体」していると見なされ、かつ、「化体」している状態が社会によって受容されたものを指す。

化体される媒体は金属片である必要はなく、何らかの有体物であれば成り立ちます。貨幣の媒体は、稀少性の高い貝殻であったり、未完成な合金の塊であったり、等質的な金属片であったり、あるいは、紙片であったりと変遷を続けてきました。**それは、自然界に存在する稀少物から人工的に作り出された稀少性への変遷でした。**

特定の種類の貝殻は、何らかの理由でこの島には限られた量しか存在していません。すると、輸入品としての稀少性が貨幣を成立させますが、この時代には自然界に存在した有体物をそのまま貨幣として利用しています。初期の金属貨幣は、自然界で採取された合金を利用しており、鋳造貨幣ではあっても等質的ではありませんでした。この時代には、鋳造技術の高さよりも、自然界の稀少性が貨幣を成立させています。やがて、稀少性を根拠とした貨幣の性質に変化をもたらしたのが、等質的な鋳造貨幣の登場でした。王朝の年号や紋章が刻印された鋳造貨幣は、封建制度の権力の行使であって、絶対的な存在である王や領主だけに許されたものでした。

国家によって人工的な稀少性が作り出されるという事実は、人々の受容によって化体という現象が起こるという前節でみた文脈とは一見矛盾するようです。だが、それこそが貨幣の二面性を物語っています。**貨幣には、国家の権威を背景として成立するという側面と、人々の受容によって成立するという側面とがあって、これらの2つの側面は常に相反しながらも併存しています。**金属片の秤量価値の多寡にかかわらず、刻印された額面の価値があると見なされる名目貨幣は、国家の権威があってこそ成立しました。

金属片がそれ自体として価値を持つのに対して、紙片に価値があると見なされる紙幣は、異なる根拠を必要とします。有体物としての稀少性を表現しにくい紙片は、発行主体の信頼性に依存して価値が認められました。近世において銀行家が営んだ金融業は、銀行の発行した手形が他の支店でも換金されるという信頼に基づいて効力を発揮します。中央銀行制度が成立して以降は、国家の権威を背景とした信頼が紙片に埋め込まれます。中央銀行が金と兌換するという約束事は、すでに成立していた金属貨幣への信認と相まって、人工的な稀少性の表現へと近づいていきます。やがて金兌換という根源的価値との紐づけが解かれて、紙片そのものに金銭的価値が「化体」していると見なされるようになります。ここにおいて、貨幣は稀少性の概念を存在根拠に据えることを止めて、社会的合意としての化体の概念に依拠するようになったのです。

こうして歴史を辿ってみると、貨幣を成立させる媒体としての稀少性は、自然界に存在する稀少性から人工的に作り出された稀少性へと変遷を遂げ、ついには稀少性の概念を限りなく希薄化するまでに至りました。媒体としての有体物は貝殻から合金、鋳造貨幣へと変化しました。**やがて稀少性を約束事として埋め込んだ兌換紙幣に交代したときには、すでに抽象化への道は始まっていました。金との紐帯《ちゅうたい》が外されたときに、抽象化は限りなく完成に近づいていたのです。**

こうした媒体の抽象化の流れを決定づけたのが分散型仮想通貨の登場です。すでに便宜上の稀少性からも自由になっていた貨幣は、有体物を失ったことによって抽象化の過程を完成させました。紙片そのものに金銭的価値が「化体」したと見なす不兌換紙幣よりも、仮想的に共有される台帳に書き込まれたトランザクションに金銭的価値が「化体」していると見なすほうが、抽象化の程度は飛躍的に高まります。

なぜなら、分散型仮想通貨のトランザクションはブロックチェーンに書き込まれていますが、ブロックチェーンは特定のサーバーに格納されているのではなく、P2Pネットワークがつながれたときだけに映し出される幻影に過ぎないからです。**それでも、幻影であって有体物の姿を持たないことは、金銭的価値がそこに「化体」していると見なす以外に理解の方法がないことから、結果的に貨幣としての受容を説明するために役立つのかもしれません。**ここはビットコインの設計者に真意を質したいところです。

分散型仮想通貨の貨幣性について説明するために、稀少性を根拠とする説もあります。確かに、ビットコインのような仮想通貨は発行されるコインベースに上限を設けていますから、あたかも金と同じように採掘量に限界があるかのように表現しています。また、採掘には計算量を投入する必要がありますから、無尽蔵に採掘できるものではありません。このことが、貨幣を成立させる要素である媒体の稀少性を表現しています。ただし、有体物に対する稀少性の感覚と比べて、概念に対する稀少性の感覚を持つことは容易ではありません。それゆえに、稀少性だけでビットコインの貨幣性を説明することには限界があります。

❷寺院儀礼に見る化体

本章では、形而上的な価値が有体物に固着する「化体」の概念に着目して、分散型仮想通貨が成立する条件を考察しました。およそ「化体」というのは抽象的な概念であって、目に見える形で表現することは容易ではありません。そこには、無形的な価値を可視的に表現しようとする行為が存在します。

台湾の道教寺院を訪れる参拝客は、線香や供物のほかに、冥銭という紙片の束を購入します。この札束は現世のお金で購入することができますが、現世でお金として利用することはできません。この冥銭というのは一見すると昔のお札のような紙片ですが、これには来世で通用する金銭的価値が載っていると見なされています。紙片は有体物ですから可視的であって手で触れることができますが、来世の金銭的価値というのは形而上の概念であって、ただ印刷された独特の文字がそれを暗示するのみです。

さて、寺院には炎の焚かれた楼があって、参拝客は冥銭を火の中に投げ込みます。すると、有体物としての紙片は消えて、形而上の価値だけが残ります。この形而上の価値としての冥銭は来世に送られて、すなわちご先祖様に送信（もしくは伝信）されると考えられています。これは宗教上の儀式ですから当然に形而上的であるわけですが、現世に暮らす人々に対して貨幣とは何かを説明する教材としての意味を持ちます。**貨幣というのは、ある媒体に価値が「化体」していると考える社会的合意であって、社会契約としての側面を持ちます。**このことを宗教観と相まって表現したのが冥銭であるといえます。

社会契約というのは、本来は国民が国家に対して何らかの権限を付託することを指します。社会的に広く受容されている宗教観というのは、社会契約を成り立たせる前提としての合意の存在を説明する論拠となります。近世の絶対王制における王権の存在や、近代以降の国家および中央銀行の存在というのは、社会契約としての通貨発行権の付託を肯定する論拠たりえます。これに対して、王権あるいは国家権力に属さない主体が通貨発行の主体となろうとするとき、そこに社会的合意を得ることは困難です。

分散型仮想通貨が主体の実在性を否定したことは、こうした文脈に照らして理に適っています。しかしながら、何らかの理由で主体の不存在というフィクションが消え去ったときには、たちまち主体の実在性に関する論議を呼び起こし、通貨発行権の付託という社会契約にまつわる議論が再燃します。実存を持たないはずの仮想通貨が、通用する貨幣という社会的意味をまとったとき、現存する国家はいかにして対処すればよいのでしょうか。いま問われているのは、国民国家の時代の終焉といった体制の話ではなく、国家という概念そのものが希薄化することの意味です。仮想通貨がこの世に投げかける命題というのは、国家の存在を疑うものです。それゆえに、仮想通貨の実存性を論じることは、期せずして国家という存在を論じることに通じるのです。

注

（1）第5章における「通貨」「貨幣」という用語について。

高木久史［2016］『通貨の日本史――無文銀銭、富本銭から電子マネーまで』（中公新書）によると、貨幣の定義はさまざまですが、一般には、価値交換機能、価値尺度機能、価値保蔵機能の3つを満たすものを指します。通貨とは、広義には貨幣と同義であり、狭義には、価値交換機能に重きを置くとされます。本章では、貨幣らしさに関する議論を試みましたから、原則として貨幣という用語を用いました。

通貨、貨幣、金銭、現金、資金といった用語は、いずれも多義的に使われており、定義の相対性の顕著な状況にあります。法学の分野におけるこれらの用語の相対性についてまとめた論文として、次の文献がもっとも参考となります。

古市峰子［1995］「現金、金銭に関する法的一考察」『金融研究』第14巻第4号（日本銀行金融研究所）。

（2）第5章第1節の「古代と中世の貨幣」に関する筆者の理解について。

本節の議論において、古代および中世の貨幣に関する記述については、次の文献を参考にしました。

高木久史［2016］『通貨の日本史――無文銀銭、富本銭から電子マネーまで』（中公新書）。

また、中世渡来銭に関する記述については、次の文献から学びました。

梅原郁［2011］「中世渡来銭の謎」『古文化研究』第10号（黒川古文化研究所）。

（3）第5章の「化体」に関する議論について。
本章の「化体」という概念に関する議論は、
岡田仁志［2017］「歴史から考察する『貨幣らしさ』の正体――仮想通貨に『信頼』は成立するのか」『DIAMOND ハーバード・ビジネス・レビュー』第42巻8号（特集：ブロックチェーンの衝撃）における議論を発展させたものです。
第2節の議論の一部は、
岡田仁志［2017］「存在感増す仮想通貨（下）『分散型』問われる持続性　特定国　標準握る可能性も」『経済教室』（日本経済新聞9月22日付朝刊）で論じました。

Bitcoin & Blockchain

終　章

主導権をめぐる競争は始まっている

仮想通貨とブロックチェーンは別物かという疑問からスタートした本書は、仮想通貨とブロックチェーンは三層構造であるという仮説にたどり着きました。ブロックチェーンがサービスのプラットフォームとして第二層を支配するような社会がもしも到来したときには、第一層には何らかの決済サービスが組み込まれます。それは、ルールを決めるのは誰かという第三層の主導権にも関わってきます。これらの三層をめぐる競争において、仮想通貨とブロックチェーンが密接に絡み合っています。

ブロックチェーン界の始祖鳥であるビットコインはさまざまな課題を抱えていますが、その可能性を完全に否定するのは早計でしょう。これまでに登場したあらゆる決済サービスの多くは、現れては消えていきましたが、すべてが消えたわけではありません。電子マネーもその1つでした。電子マネーが日本に登場して各地で実験が行われていた頃、電子マネーの普及などありえないといった論調もみられました。

いまやキャッシュレス化の推進が政策目標として掲げられ、電子マネーもその実現手段の1つとして肯定的に論じられています。世界には、これまでになかった発想の決済サービスが次々に登場しています。かつて、現金至上主義こそが是とされ、電子マネーの実現などありえないと思われていた時代からみれば、まさに隔世の感があります。

未知のテクノロジーが登場したことに畏怖の念を覚えて、あたかも怪獣が登場したかのように駆除、捕獲、排除の可能性だけを論じるのではサイエンスとはいえません。むしろ、未知の技術がどのように動いているのかを解析して、これを社会に活用できないかを検討することが科学の役割です。

まず、未知の技術である分散型仮想通貨がどうやって動いているのかをサイエンスとして確認することによって、それが超常現象ではないことが説明できます。次に、その構造にどのような問題があって、その改良は可能であるのかを確かめることによって、分散型仮想通貨が持続可能か否かを論じることができます。

さらに、分散型仮想通貨がブロックチェーンという技術だけでなく、マイナー、ノード、コア開発者といった登場人物によって支えられていることを知ることによって、エコシステムが機能不全を起こす原因についても説明がつくようになります。機能不全に陥ったエコシステムを改良するための提案が出されたとき、実効性の有無を論じることもできるでしょう。

未知の技術を解明してこそ、その可能性をめぐる議論にも実が伴います。これまでよりもしっかりと批判ができるようになり、これまでになかった改良策を論じることもできます。その議論の中にあって、何らかの当否を論じるのは、この本の役目ではありません。本書の位置付けは、喩えるならばブロックチェーンにおけるノードのように、議論の正確性を担保することであり、有益な意見交換の伝搬をお手伝いすることです。

分散型仮想通貨を解明するための近道は、それを終わらせる方法を考えてみることです。碁盤の目のように支えるノードがなくなれば、ブロックチェーンは動作を停止します。ブロックを生成するマイナーが少数になれば、分散型から集権型への変性が始まります。少数の集団が技術の行く末を決定できるようになれば、直接民主制を捨て去って元老院制へと転化します。

終わりがみえてくれば、攻撃の方法も論じられます。分散型から集権型への変性という手法を応用すれば、中央型仮想通貨に変性させるという終わらせ方も想定できます。しかし、中央型仮想通貨が分散型仮想通貨を巻き取ってしまう攻撃というのは、簡単に仕掛けられるものではありません。仕掛けられた側にもノードが存在しており、その大半が機能不全に陥らない限りは、ブロックチェーンの動きは止まらないからです。

このような仮想通貨をめぐる動きは、一般の社会にとっては何の関係もないことです。しかし、将来にわたって無関係であるとはいいきれません。仮想通貨とブロックチェーンが作り出す三層の関係においては、その主導権をめぐる競争が始まっているからです。分散型仮想通貨がもたらした新しい市場が、特定の発行者を置いた中央型仮想通貨に置き換われば、その主体は三層構造の支配権をめぐる競争で圧倒的な優位に立ちます。

本書では、分散型仮想通貨が第一層の決済サービスを構成し、ブロックチェーンによるサービスが第二層を構成し、法執行システムが第三層を構成するようなプラットフォームのことを、ビットエコノミーと名付けました。これは、ブロックチェーンエコノミーの組み合わせとして、もっとも尖ったパターンです。

尖った事例から考察をはじめるのがゼミナールの定石です。ここから考察をはじめて、第一層を中央型仮想通貨に置き換え、法定のデジタル通貨に置き換えていくとよいでしょう。こうして、ブロックチェーンエコノミーのプラットフォームにおいて、誰が決定権を握るのかを推し測ることができます。さまざまな決済サービスの中にあって、強制通用力を備えた法定のデジタル通貨の通用力は格段に高いものとなります。

たとえ、信頼の源泉であるような主体が発行したものであっても、社会システムとして受け入れられるとは限らないことは、歴史が教えてくれます。発行主体の信頼を重んじる立場からすれば、発行主体さえも存在しないようなものが貨幣として流通することなど、あってはならないことでしょう。にわかに信じ難いものが登場するのが、技術の飛躍というものです。

これからの世の中を読み解く鍵は、分散と集権の緊張関係の中に隠されています。次世代のプラットフォームがどのような姿になるのかを知るために、ブロックチェーンエコノミーの構造をデザインしてみることは、新しい時代のマインドで物事を考えるための良いきっかけとなることでしょう。未知の技術をニュートラルに受け止める論壇の発展のために、本書がわずかでも貢献できることを願います。

おわりに

２０１６年２月のある日、カリブ海のバルバドスの沖合を行くカタマランの船上でレセプションに参加していた私は、一人の研究者に声をかけられました。その人は、１９８９年頃にオランダで電子マネーの発行に関わったという人物でした。

彼らの経営する会社がオランダで発行した電子マネーは、ｅキャッシュという名称で知られました。それは、インターネットの中を個人から個人へと転々流通していくという、当時としては画期的なアイデアでした。しかも、匿名性に強いこだわりを示すなど、極めて現金に近い振る舞いをする電子マネーでした。

当時は電子マネーの走りとされたｅキャッシュですが、改めてよく考えてみると、これは中央型仮想通貨であったことに気が付きます。インターネット上であれば世界中で利用することができて、個人間の転々流通を予定しており、しかも匿名性を技術によって実現しています。

これは、現金のライバルとなるほどの発明だったといえます。

その構想は、あまりにも時代に先行し過ぎたというべきか、ビジネス的には大きく広がることはありませんでした。しかし、その後の電子マネーが現金のような性質を持たない手堅いシステムとしてまとまっていったことをみるにつけ、インターネットの黎明期に提案されたeキャッシュというアイデアは、現金のような振る舞いにこだわったものであったことがわかります。

カタマランの船上で風に吹かれながら、彼は当時の想い出を語ってくれました。なにしろ勝手に通貨を発行しているわけですから、これは一体何かということになります。当時はEU統合の前夜であり、1999年のユーロ導入のはるか前でした。ヨーロッパ共同体の加盟国であるドイツ、フランス、イタリアの中央銀行総裁が非公式の会談を開催した際にも、eキャッシュのことが話題にあがったらしい。そんな逸話を聞かせてくれました。

彼の時代から30年あまりの年月を経て、ついに登場したのがビットコインです。それは個人間の転々流通をいとも簡単に実現し、現金のように世界中を駆け巡るようになりました。仮想通貨が登場したことはじつに面白い、これでなにかビジネスをやってみたいねと、彼は楽しそうに語っていました。

＊＊＊

いま世界では、現金が姿を消すという社会現象が相次いで起こっています。上海の街角では、スマートフォンでQRコードを読み取って支払うモバイルペイメントがすっかり定着しました。現金とクレジットカードしか持たない日本人がうとましがられる場面も珍しくありません。アフリカではケニアのMペサが圧倒的なシェアを持ち、ほかのアフリカ諸国でもモバイル決済に成功の兆しがみえています。スウェーデンでは現金お断りの店が増え、国民が紙幣を持たなくなりました。

こうした現象が日本で起こらないことには、長年の商慣習や現金に親しむ文化など、あらゆる要因が関わっています。個人間の転々流通ができず、容易には現金化できない電子マネーが現金に置き換わることはないでしょう。世界に冠たる電子マネー大国にまで成長したことが、皮肉なことに現金の温存に一役買っているとみることもできます。それはおかしな現象ではなくて、現金を打ち捨てる必然性がないに過ぎません。

ただ大切なことは、貨幣にまつわる長年の慣習というものは、なかなか簡単には変わらないけれども、変わるときにはあっという間に姿を消すということです。仮想通貨は国境をまったく気にかけずに流通しますから、どこかの国で大きな変化が起こると、知らぬうちに日本にも影響が及びます。大国の通貨がブロックチェーン型の法定通貨に替わったときには、瞬く間に日本の現金流通を消し去ってしまうかもしれません。

さらにブロックチェーンの伝搬力は、国境を越えた経済社会のプラットフォームを実現させ、もはやどこの国の会社がオペレーターであるのか気にも留めない時代がやってきます。そのとき、ブロックチェーンのプラットフォームの下にあるのは、どのような仮想通貨なのでしょうか。新・経済圏のプラットフォームで覇権を握った者が、次の時代を制することになります。それこそが、ビットエコノミーの正体です。

＊＊＊

私の恩師であった、大阪大学名誉教授の故・林敏彦先生は、次のように説かれました。「経済学者にはウォームハートとクールマインドが必要なんや」と。その教えを継いで、わずかでも研究者としての役目を果たすことができればと願ってやみません。

不肖の弟子ながら、林敏彦先生の御机下に、この本を捧げます。

2018年3月

岡田仁志

【著者紹介】
岡田仁志（おかだ　ひとし）
国立情報学研究所准教授。1965年大阪府生まれ。東京大学法学部第一類（私法コース）、第二類（公法コース）卒業。大阪大学大学院国際公共政策研究科博士前期課程修了。同研究科博士後期課程中退。博士（国際公共政策）。同研究科個人金融サービス寄附講座助手を経て、2000年から国立情報学研究所助教授。2007年より現職。総合研究大学院大学複合科学研究科情報学専攻准教授（併任）。専門は電子商取引や電子マネーなどのITサービスに対する消費者の受容行動と公共政策。著書に、『仮想通貨』（共著、東洋経済新報社）、『電子マネーがわかる』（日本経済新聞出版社）などがある。

決定版　ビットコイン＆ブロックチェーン

2018年4月26日発行

著　者――岡田仁志
発行者――駒橋憲一
発行所――東洋経済新報社
〒103-8345　東京都中央区日本橋本石町1-2-1
電話＝東洋経済コールセンター　03(5605)7021
http://toyokeizai.net/

ＤＴＰ…………アイランドコレクション
印　刷…………ベクトル印刷
製　本…………ナショナル製本
編集担当………村瀬裕己
©2018 Okada Hitoshi
Printed in Japan　ISBN 978-4-492-68143-5

本書のコピー、スキャン、デジタル化等の無断複製は、著作権法上での例外である私的利用を除き禁じられています。本書を代行業者等の第三者に依頼してコピー、スキャンやデジタル化することは、たとえ個人や家庭内での利用であっても一切認められておりません。
落丁・乱丁本はお取替えいたします。